司马懿传

张亮 著

民主与建设出版社
·北京·

图书在版编目 (CIP) 数据

司马懿传 / 张亮著 . --北京 ：民主与建设出版社，
2024.9. -- ISBN 978-7-5139-4756-5

Ⅰ. K827=361

中国国家版本馆 CIP 数据核字第 2024X753D3 号

司马懿传

SIMA YI ZHUAN

著　　者	张　亮	
责任编辑	刘　芳	
装帧设计	木子林	
出版发行	民主与建设出版社有限责任公司	
电　　话	（010）59417749　　59419778	
社　　址	北京市朝阳区宏泰东街远洋万和南区伍号公馆 4 层	
邮　　编	100102	
印　　刷	水印书香（唐山）印刷有限公司	
版　　次	2024 年 9 月第 1 版	
印　　次	2024 年 11 月第 1 次印刷	
开　　本	670 毫米 ×950 毫米　　1/16	
印　　张	14	
字　　数	160 千字	
书　　号	ISBN 978-7-5139-4756-5	
定　　价	56.00 元	

注：如有印、装质量问题，请与出版社联系。

目录

第一章

家世·反常·生死

司马懿的家世背景

东汉灵帝熹平四年（公元 175 年）深秋，夜。

像往常一样，都城洛阳正在宵禁。新上任的洛阳北部尉①曹操带着一队巡夜的卫兵巡逻。空寂的街面突然出现一个醉汉，在街上歪歪斜斜地走着，格外引人注目。

此人名叫蹇（jiǎn）图，是汉灵帝宠爱的小太监蹇硕的叔父。知晓了他的身份，卫兵们都把目光投向了曹操。曹操沉吟片刻后，果断做出了棒杀的手势。

就这样，蹇图被这群手持五色棒的卫兵击杀。

尚书右丞司马防在次日得知了这个消息。他并没有对这个消息感到震惊，蹇硕要怪，只能怪他的叔父不长眼，敢明目张胆地违抗曹操。司马防是曹操的推荐人，不过比曹操年长 6 岁，他了解曹操的胆识和志向。

他推荐曹操，除了为国家选材，还存在另外一种可能：世家大族之间的利益相互交换。

司马家族在河内郡是名副其实的大家族。司马防的十一世祖司马卬，本是赵国的将军，巨鹿之战后随项羽灭秦，受封殷王。楚汉相争，司马卬投降刘邦，刘邦给他的封地就是河内郡。

自此，司马氏这一支在河内繁衍生息。到了司马钧这一代，朝廷把持在外戚邓太后和她哥哥大将军邓骘手中。司马钧投在邓骘的门下，在和羌族作战中建功立业。

司马钧统兵打仗的本事一般，这从他最后一次出征可以窥知全貌。那一次，他行征西将军，统兵八千和护羌校尉庞参分路进攻羌族先零部落。庞参战败后退却，司马钧取得了阶段性胜利。在攻下丁奚城（今宁夏灵武南），进城之后，却发现这是一座空城。士兵得不到给养，连吃饭都成问题。司马钧命令属下仲光、杜恢、盛包等人带三千人马出城割麦子。

不过仲光等人没有听从号令去割麦子，而是带着三千人马直接杀入羌人大营。羌族军队将这三千人马团团包围，毁灭只在旦夕间。

司马钧得知仲光等被围困，大发雷霆，第一时间不是去考虑如何救援，而是责骂仲光等不听号令，因此也就没有派兵救援。班师回朝后，司马钧立刻被投进大牢，不及时救援袍泽的行为被追查。他觉得受到侮辱，在牢房里自杀了。

也不知道是不是从那时起，家族开始反思这样极端的行为。人一旦失去性命，就再无挽回的机会。俗话说得好：忍一时，风平浪静；退一步，海阔天空。

也就是从司马钧的儿子司马量开始，司马家族不再担任武职，他们走进书斋，手中的宝剑换成了毛笔。除了高大笔直的身板和军人无异外，气质已经和儒生一样了。

司马量，官至豫章太守。他的儿子司马儁（jùn），官至颍川太守，活到了84岁。司马儁之子司马防活到70岁。司马防之子司马懿活到72岁。他家有长寿的基因。

光和二年（公元179年），司马懿诞生在河内郡温县孝敬里（今河南省焦作市温县），在司马家排行老二。生在乱世，他的母亲接连诞下八个麒麟子。这八个儿子的表字都有"达"，并称"司马八达"②。

司马防要求子女对自己要绝对服从，不让他们进屋就没人敢进屋，不让他们坐下就没人敢坐下，司马防不指定向谁问话，就没有人敢发言说话③。司马防在朝廷对待官员那一套，也要求家人遵守。这样的家庭教育表明，司马家族已深受儒学的影响。

在漫长的封建时代，一个人的成长或成功，背后离不开整个家族的支持。

司马懿后来的个人成长亦是如此，他既得到了家族的支持，也善于借助其他家族的力量来实现自己的目标。家族意味着影响力，而影响力则与权势紧密相连。无论是统管一方的刺史，还是割据一方的诸侯，乃至开创三国局面的曹操、刘备、孙权，他们之所以能够在不同的地盘上扎稳脚跟，都是因为得到了不同家族在人、财、物上的鼎力支持。

这些家族有几个甚至抱成一团共进退，形成政治集团。司马儁担任过颍川太守，颍川郡的大家族有荀、钟、陈等。从司马懿和荀彧（yù）、陈群、钟繇过从甚密的关系来看，司马儁在颍川任职期间，与荀、陈、钟等家族建立了不错的关系网。

到了曹魏时代，司马、荀、陈、钟四家已成为世交，通过联姻的方式，使得彼此间的关系更加密切。钟繇为荀勖（xù）的从外祖。荀彧之女嫁与陈群，司马懿长女嫁与荀彧之孙荀霬（yì）④。司马懿逝世后，司马家族与荀、陈、钟三家之间的往来并未淡薄。

司马昭在成功平定淮南诸葛诞叛乱后，在朝堂的地位尊崇，有如王者。多数朝臣见他，无不表现得唯唯诺诺。此时，发生了一件小事。

司马昭和陈骞、陈泰与钟会相约，共乘车去某处。到了钟会家门口，知会了他家的门童，让钟会快点出来。可等钟会急匆匆跑出来时，司马昭故意开玩笑，早命人驱赶马车走远了。

等钟会赶到约定地点，司马昭借机嘲笑他说："与人期行，何以迟迟，望卿遥遥不至。"这里的"遥"除了调侃钟会迟到外，还顺便暗指他父亲钟繇。

在中国古代，一般不能随便提别人父、祖的名讳，否则就是非常失礼的行为。但非常亲密的朋友，会偶尔拿这样的文字游戏寻开心。

钟会不肯服输，他说："（吾）矫然懿实，何必同群！"意思是，我这个人喜欢独行，懿美丰盈，不需要和你们为伍。他的这句话里，把陈骞之父陈矫、陈泰之父陈群、司马昭之父司马懿的名讳都包括进去了⑤。

这件小事体现了司马昭和钟会两人的亲密程度。后续还有故事，钟会领军伐蜀，捏造邓艾谋反，司马昭对此深信不疑。这也是基于多年前的信任。

综观大家族对司马氏的影响，可以说有支持，也有损害。当然，这些都是后话了。

注释

① "尉"是武官名，曹操担任的洛阳北部尉，职责是负责都城洛阳北部地区的治安。

② 司马防生子八个：长子司马朗，字伯达；次子司马懿，字仲达；三子司马孚，字叔达；四子司马馗，字季达；五子司马恂，字显达；六子司马进，字惠达；七子司马通，字雅达；八子司马敏，字幼达。《晋书·安平王孚传》记载，司马朗兄弟八人当时俱知名，号为"八达"。这八人的表字都有"达"，并称"司马八达"。

③ 语出《三国志·司马朗传》裴松之注释引《司马彪序传》："不命日进不敢进，不命日坐不敢坐，不指有所问不敢言，父子之间肃如也。"

④ 荀霬既是荀彧之孙，也是曹操的外孙。

⑤ 见《世说新语·排调》。

风评良好的二公子

　　司马懿 10 岁那年，也就是中平六年（公元 189 年），汉灵帝刘宏驾崩，14 岁的皇子刘辩即位。一批宦官把握朝政。大将军何进饮鸩止渴，想借董卓引兵入京诛杀宦官，不想事泄，宦官将何进在皇宫外诛杀。董卓率精兵进入洛阳，废汉少帝刘辩，立汉献帝刘协，把控朝政。因不满董卓乱政，函谷关以东十余名州郡长官联合起兵，掀起倒董浪潮。

　　董卓内心惶恐，裹挟汉献帝、文武百官和百万百姓，将都城迁往洛阳以西八百里处的长安。司马防临行前，嘱托长子司马朗带着家眷和兄弟姐妹回老家温县孝敬里。

　　就在一家人送走司马防，收拾行李的时候，门外传来急促的敲门声。司马朗故作镇静前去开门。一队士兵宣布对司马朗实施抓捕，罪名是携带家属逃亡罪。

这是一项董卓新颁布的命令，自从他的部队进入洛阳后，老百姓不堪烧杀抢掠，纷纷逃亡他乡。百姓离开，没有劳动力，没有赋税，董卓不干，于是就颁布了严禁擅自迁移的命令。司马防是官员，又是回返原籍，本不受此项限制。但是，依然有小人作梗，密报官府说司马朗计划携家眷潜逃。

涉及重要官员的家眷，董卓怒不可遏，亲自审讯了司马朗。

看着眼前气度不凡的年轻人，董卓不禁问："你多大了？"

司马朗答道："虚度了19年光阴。"

董卓不禁一阵心酸，想到了他夭折的儿子："你与我死去的儿子同岁，为何要背叛？"（卿与吾亡儿同岁，几大相负？）

司马朗回答说："明公在天下大乱之际辅佐皇帝，铲除宦官腐败，举荐贤良，建立盖世的功德。但兵灾战乱此起彼伏，就连皇城脚下都无法安居乐业，这就是为什么我想带家人返回家乡的原因。我希望明公能吸取教训，好好反省一下，您的名声将如日月，连伊尹和周公都不能和您相提并论。"董卓对司马朗说："我也有这方面的感悟，你说得有理。"

杀人如麻的董卓居然被19岁的司马朗说动，将他放还。

大祸虽然暂时躲过，不过他们家依然笼罩在被强制迁往长安的愁云之下。要摆脱董卓及其暴政并非没有办法，那就是将司马家族累世积累的全部财产拱手送人。司马防的父亲司马儁、祖父司马量，都是秩两千石的太守，虽非显贵之家，但也非普通家庭可比。可司马朗送礼的对象是董卓身边的红人，其胃口和贪欲也非寻常官员可比。

送礼后的效果立竿见影，流动巡查的兵士、重兵防守的城门守卫都对内心忐忑出城的司马一家视而不见。司马朗终于带领一家老小回到温县。

司马懿也就在那一两年，一下子就明白了世事的艰难。但在乱世，这是常态。少年人自幼对社会、对家庭有一番思考，有助于他尽早从懵懂的状态中早日抽身出来。逃离洛阳前，被邻居诬告，大哥司马朗在董卓面前不卑不亢，这才让一家人免于牢狱；面对重重关卡，大哥司马朗又用父亲留下的财产贿赂高官，这才让一家人平安回到老家温县；温县并不太平，讨伐董卓的几十万盟军驻扎在成皋一带，军纪参差不齐，大哥又带着一家人投奔冀州黎阳军营的亲戚，让一家人免于战火。

世事虽乱，但一个有能力的人能带着家庭成员化险为夷。司马懿意识到只有成为他兄长司马朗这样的人，才称得上七尺男儿。而兄长司马朗目前只要求他做好一件事，那就是多读书。

这不是没有理由的揣测。司马懿终其一生，都受益于书籍带给他的滋养。他读《易经》，活学活用。

司马懿后来跟随曹操讨伐张鲁时，劝曹操一鼓作气，去取益州。他脱口而出的"圣人不能违时，亦不可失时"，就跟《易经》里的"知时奉时"思想有关。《易经》全篇都在谈论时与时机，书中也把知"时"奉"时"的人称为"大人""圣人"。①

曹操也正是看中了司马懿在经史书籍上下过功夫，这才让他与曹丕"交游"，希望这个读书"种子"能影响曹丕。

司马懿读《春秋》也很有心得。高平陵之变后，涉及对曹爽的定罪，一脸冰霜的司马懿坚持杀曹爽，并在定罪书上引用了《春秋》中关于"对于主上不可反叛，如果有反叛行为就必定要诛杀"②的论述。

他也读道家的著作。尽信书则不如无书，道家思想中无为不争的观点，他是不接受的，他只汲取自己认为有用的观点。晚年时，他有时和子孙们分享他的人生智慧："盛满是道家所忌讳的，春夏秋冬尚且往返推移，我现在坐到这样的高位，常常忐忑自己德不匹位。对于所能得到的，应当减损再减损，或许才可以免除灾祸啊！"③道家讲月满则亏，水满则溢。他坚辞丞相位、不敢加九锡，都和这样的心理有关。

同时，司马懿的先祖们历代为将，他不仅在身高体型上像军人，对兵法的痴迷也源自他继承了先祖的基因。

司马懿熟读兵法，他用兵灵动，张弛有度，从他后来擒孟达、阻诸葛、消灭公孙渊等一系列战役来看，他曾反复研究过《军志》《孙子兵法》等著作，这与他少年时读兵法打下的良好基础是分不开的。

传说孔子研读《易经》，"韦编三绝"，穿书简的绳子都断了三回，还说："再给我几年，学习《易经》到50岁，便可以没什么大的过错了。"④看，圣人都需要勤奋读书，今天的少年司马懿日后成为枭雄也需要努力读书。司马懿的家族以儒学世代传家，父亲司马防酷爱《汉书》，尤其喜欢读其中的名臣传。想必司马懿耳闻目染，对《汉书》的内容也比较熟悉。

司马懿读书杂，自我意识被唤醒，道家的认知、兵家的手段，都成为他安身立命的法宝。

在冀州黎阳，除了以读书为友，司马懿还结识了一位高人——颍川人胡昭。胡昭同样是到冀州避难。冀州刺史袁绍想请他出仕，被他拒绝。司马懿去拜会他，他原本以为是个富家公子附庸风雅，交谈一番才对司马懿刮目相看，自此两人结为忘年好友。

军营避祸读书一待就是五年。曹操和吕布在黎阳附近的濮阳打仗，黎阳卷入其中。司马朗才再度带着家人回到河内温县的老家。

令司马懿高兴的是，胡昭也回到家乡颍川，在陆浑山隐居。胡昭的家乡颍川和司马懿的家乡河内郡温县正好隔着洛阳。两人常常跨过黄河互访。

这期间，曹操听说了胡昭的名声，多次派人征召胡昭，请他出山。但被胡昭拒绝，理由和他拒绝袁绍的一样，不想做官，不是那块料。没想到曹操这人对人才的招纳挺执着，对其再三相邀。胡昭被逼得没有办法，只好动身前去面见曹操，希望把话当面说清楚。

胡昭对曹操说，他不过是一介乡野村夫，对处理军国事宜一窍不通，懒散惯了，也没什么大志向，就想当个田家翁，实在不愿意出来当官，约束太多，断然不敢从命，希望丞相见谅，让他在山林潇洒一生。曹操见胡昭态度坚决，不好强求，只得慨叹"人各有志，出处异趣"，听任胡昭回到陆浑山隐居。

胡昭在陆浑山隐居的消息传了出去，很多人前来拜访他，想要向他求教。有一位颍川的周生，史书上没有记载他的名字，恰是此人让司马懿更懂得隐忍之道。

司马懿在与胡昭学问切磋中，展露了许多真才实学。在颍川周生看来，司马懿的才华碾压了自己，嫉妒的火焰烧光了他的理智。他找了几个亡命之徒，准备去杀掉司马懿。胡昭听说后心急如焚，赶紧冲出门去阻止。

幸而在半路上，胡昭追上了杀气腾腾的周生一伙。在他的斥责和劝说之下，周生挥刀砍倒路旁的枣树，立誓绝不再加害司马懿。

这个消息辗转被司马懿知晓。他在震惊之余，领悟到在自己力量不够强大时，凡事低调、遇事隐忍，是多么重要的一件事。

司马懿 14 岁那年，司马朗被曹操请去当官，他便接替了兄长，成为全家的顶梁柱。他学兄长的样子，面沉似水，不动如山。司马家二公子的良好形象开始为众人所知：待人恭敬、勤学刻苦、修身严格。

这在家庭教育良好的司马家其实不算什么，不过河内郡的杨俊，却给了司马懿良好的风评。

东汉末年，评鉴人物成为当时的时尚。如汝南地区的月旦评，天下闻名。曹操卑辞厚礼，就想得到品评家许劭的点评，一句"君清平之奸贼，乱世之奸雄"令曹操大悦而去。

杨俊也是河内郡有名的品评家。早在司马懿十六七岁时，他的名声便已传到杨俊的耳里。当见到司马懿的那一刻，杨俊被眼前这位身材高大、卓尔不群的年轻人吸引，脱口而出道："非常之人也。"[5]说司马懿优秀，非常人可及。

司马懿到底长得啥样？《世说新语》里有段记载，讲的是东晋名士刘尹称赞桓温：双鬓像刺猬毛竖起，眉棱像紫石棱一样有棱有角，是和孙权、司马懿一样的人物。[6]

大体上，可以看出司马懿相貌威武，长得挺有男子气概。

当然，汉末的人物品评不能只限于郡县，还需要全国知名的品评家的评语。过了些时日，曹操帐下主管人事的头号人物崔琰到司马家中做客。司马懿默默路过，听见崔琰对司马朗说："令弟聪明懂事、做事果断、身姿不凡，不是你能比得上的啊！"⑦

司马懿心虚地看向兄长，兄长不以为意，他才稍微心安。能躲过兄长的眼睛，就能躲过绝大多数人。身逢乱世，没有实力就不要出头。

崔琰是当时名士。《世说新语》有一则关于曹操"捉刀"的故事，就与崔琰有关。说曹操接见匈奴使者前，担心自己的相貌不够伟岸，令仪表堂堂的崔琰假冒自己坐于堂前，自己则扮作一带刀武士，立于其后。能够被曹操选为替身，其相貌和风度绝非凡品。

司马懿的声誉能超越成名更早的兄长司马朗，主要得益于崔琰的赏识。崔琰认定司马懿比司马朗优秀，这不仅让外人开始重新审视司马家的老二，而且司马懿自己也更自信，这更有利于他的成长。

注释

①《易经》中把知"时"奉"时"的人称为"大人""圣人"："夫大人者，与天地合其德，与日月合其明，与四时合其序，与鬼神合其吉凶。先天下而天弗违，后天而奉天时。天且弗违，而况于人乎？况于鬼神乎？亢之为言也，知进而不知退，知存而不知亡，知得而不知丧。其唯圣人乎？知进退存亡，而不失其正者，其为圣

人乎？"(《易经·乾》)

②见《公羊传·庄公三十二年》："君亲无将，将而诛焉。"

③见《晋书·宣帝纪》："盛满者，道家之所忌，四时犹有推移，吾何德以堪之？损之又损，庶可以免乎。"

④语出《论语·述而》："子曰：加我数年，五十以学《易》，可以无大过矣。"

⑤语出《三国志·杨俊传》。

⑥见《世说新语》："鼻如反狷皮，眉如紫石棱，自是孙仲谋、司马宣王一流人。"

⑦见《晋书·宣帝纪》："君弟聪亮明允，刚断英特，非子所及也。"

装病拒辟召

东汉献帝初平三年（公元 192 年），数十万青州黄巾军旧部被曹操收编，曹操也被正式任命为兖州牧。那些日子，曹操的心情好啊，大败袁术、黑山军、南匈奴和徐州牧陶谦，他似乎从一个局狭的小院走向了高天丽日下的旷野。

可惜后院起火了。就在征讨陶谦途中，兖州东郡守备陈宫、陈留太守张邈、张邈之弟张超、从事中郎许汜及王楷等同谋叛乱，打算驱赶曹操，迎吕布为兖州牧。

陈宫等人叛乱的原因很简单，曹操的志向是统一中原，他的谋划和征伐严重损坏了兖州世家的利益。陈宫等人厌恶曹操，认为他好大喜功。

同样面临选择的，还有司马家族。

建安六年（公元 201 年）①，曹操征辟司马懿到司空府任职。

司马懿不想出来做官，就谎称得了风痹症，行动不便，婉拒了曹操。曹操不信，派人在夜里潜入他家刺探虚实，结果发现他果然躺在床上，一动不动。

就这样，司马懿一直装病装了七年，直到曹操当上丞相，召司马懿到丞相府去当文学掾。同时，曹操还让传命之人给司马懿带了一句话："如果再徘徊拖延，就把你抓起来！"

对于曹操抛出的橄榄枝，最开始司马家族是拒绝的。东汉末年，政治形势复杂，墙头常换大王旗。拿诸葛家族来说，兄长诸葛瑾效力孙权，诸葛亮效力刘备，族弟诸葛诞效力曹魏。这是乱世保全家族的良策。司马懿最初装病拒绝曹操，也有这样的考虑。父亲司马防和兄长司马朗已经在为曹操效力，若司马懿也投奔过去，一旦曹操失势，司马家族这篮鸡蛋就会坏在一个篮子里。

当然，还有一种可能，那就是司马懿眼中的曹操还不够强大。曹操的势力和其他诸侯相比，并不占优势。曹操的根据地兖州历经战火，已是千疮百孔。尽管小皇帝在他手里，可在他的势力范围河南以外，诸侯们并不买账。司马懿决定再等等看。

儒家救国救民、匡扶天下的那套学说，并没有将司马懿驯服。他考虑更多的，还是家族利益、个人得失。

司马懿在职场的第一份工作，是担任河内郡的上计掾。这是一个普通但很有前途的低级官员职位。

战国、秦、汉之时，每到年终，地方官必须将本年度所辖区域内本地人口、各种谷物的种类数量、气候、灾情、治安等各方面的数字汇总上报，作为中央了解地方动态和考核地方官员政绩的依据，此种制度叫作"上计"。东汉时期，由县上计到郡，再由郡上计到中央。完成"上计"任务的郡一级官吏，就是郡政府的上计掾。

因为涉及自己的官帽，地方官员选派的上计掾多是能说会道、形象出众之人。曾有一段时间，上计掾是吏中的肥差，因为直接和中央有关部门打交道，很容易被看中，有时甚至会因此被留在京城担任郎官。后来这条终南捷径滋生腐败，成为部分人敛财的工具。在汉桓帝的时候，太尉杨秉建议，严禁留上计掾在中央部门担任郎官。②

司马懿装病，自然把这上计掾的工作给辞了。

晋代的史臣刻意拔高了司马懿装病的政治成分，说这是他不想屈节归附曹操。这也成为日后司马懿代表汝颍士族集团利益，推翻曹魏政权的一大说辞。史臣们这样描述的根本目的是想为司马家取代曹氏寻找正当理由。

这个理由比较好地掩盖了司马懿父子夺权的野心。事实上，曹操也好，司马懿也好，他们的雄才大略和政治抱负相互交织，推动了家族迈向帝国权力的顶端。

家族的协同发展与个人的精进本来就密不可分。曹操打天下的时候，世道更乱。他的族人纷纷加入了他的战队。后来成为曹叡辅政大臣的曹真，是曹操族子，他的父亲叫曹邵。在曹操起兵初期，曹邵为曹操招募兵马。

刘备在创业初期就可怜得多，他那颇令人怀疑的皇叔身份，在白手起家时毫无用处。因此，他必须依靠政治集团的支持。在他拿下益州后，他所依靠的至少有三个政治集团：荆州集团、东州集团和益州土著集团。

刘备在荆州寄寓多年，网罗了诸葛亮、庞统、马良、马谡、廖立、霍峻、刘巴、陈震、蒋琬等荆州人士，借助这些人背后的家族势力入蜀。荆州集团也取代益州土著集团，成为统治益州的核心力量。

东州集团以法正、孟达、李严为首，拥有较强的军事力量。他们放弃刘焉、刘璋父子，转投刘备后，刘备这才有了坐镇益州的底气。刘备给法正等人的回报也是丰厚的，对法正的信任甚至一度超过了诸葛亮。

益州土著集团主要由益州本地的豪门望族组成，以黄权、彭羕、谯周为代表。不过，自刘备入蜀，他们的政治力量都处于弱势。

事实上，刘备离开了这三家政治集团的哪一家都不行。他需要荆州集团和东州集团相互制衡，也需要益州土著集团帮助他在中下层民众中推行政策、加强管理。

刘备在魏、蜀、吴三家创业者中，底子最薄，自己家族能提供的支持最有限，他只能依靠其他家族的帮扶。

虽然曹操早已从当年只能依靠谯沛集团，发展到了包括汝颍集团等多方势力的辅助，已经积累了偌大的基业，甚至在三家政治集团中经济发展最快，人才储备最多，但他同样需要依靠门阀士族的支持。比如河内司马家就是他需要拉拢的对象。

司马懿躲在家装病的七年里，北方的局势逐渐明朗。曹操经过七年时间奋斗，扫袁绍，平乌桓，统一了北方豫、兖、青、徐、冀、幽、并、司八州的辽阔之地。在东汉全国十三州的地盘中，独占其六，天下侧目。

北方已定，曹操继续延揽人才。他的首席谋士荀彧向曹操推荐了司马懿。曹操想起了七年前那个得风痹症的可怜的年轻人。荀彧说，经过长期治疗，司马懿的病已经好了。

司马懿的祖父司马儁，官至颍川太守，与颍川士族交往密切。这也是荀彧推荐司马懿的一个原因。至于司马懿装病有没有被他识破，那就不好说了。

注释

① 另一种说法是建安元年（公元 196 年），曹操征辟司马懿到司空府任职。

② 见《后汉书·杨秉传》。

撞破秘密的小人物

　　司马懿小曹操 24 岁，虽然才华横溢，但尚未在世人面前施展才能。况且曹操有更宏大的抱负去实现，不会时刻把司马懿放在心上。只是司马家族的人谨小慎微，可不敢放松警惕，担心曹操的耳目会听到不利于司马懿的风声。新娘子张春华也很配合司马懿，不敢稍有马虎。

　　张春华出嫁时不过 13 岁，娘家在孝敬里东五十里的平皋县（今属温县）。父亲张汪在河西粟邑（今陕西省白水县）任县令。母亲山氏，家族里出了个优秀的年轻人山涛。关于山涛，后文再细说。

　　张春华年纪小，但拥有超出年龄的政治警惕性。照理说，她出身的那个家庭，并没有处理这类危机事件的经验，可当司马懿告诉了她，自己装病的秘密，她不厌其烦做着一件事：不管在什么场合，她都说司马懿是不小心从马上摔了下来，引起多年的风痹症复发。

这风痹症，轻者手脚不利索，重者四肢如枯木。司马懿装的是严重的风痹症，他整天躺在床上，吃饭喝水，拉屎撒尿，都得靠张春华照料。连家中的婢女下人，也不知道实情。

表面上看，司马懿是个大脑能动的植物人。好在他是个读书人，读书是他熬过漫长寂寞的唯一法宝。

这天和秋日的天气一样晴朗，张春华让婢女帮忙，把窝了大半年的书搬到院子里晾晒。

东汉农学家崔寔在《四民月令》中记载："七月七日，曝经书及衣裳，不蠹，习俗然也。"那时的书大都是竹简。当时的人们认为，七月初七这天阳光最为强烈，书页很容易被晒干晒透，错过这个日子，晒书的效果也就不那么如意了。

这天上午还是朗朗晴空，午后突然起了风，吹得窗棂乱动。一阵风过去，天边墨似的乌云也聚了起来。夏天的雨是说来就来。司马懿在屋里窥见院子里的书籍被风刮得"啪啪"作响，心里如同猫抓了一般烦躁。张春华和那个贴身婢女也不知道死到哪里去了。

黄豆大的雨滴已敲打在窗棂上，司马懿一咬牙，拉开屋门，冲向院子。就在此时，婢女的身影从另一个屋子跑出来，也是刚刚想起院子里的书籍，担心受到责罚，跑得也很慌乱。一到院子，双方都吃了一惊。司马懿缓缓转头朝屋内走，装病的秘密被撞破，心乱如麻。这一幕，正好被刚回家的张春华收入眼底。她并没有出声。

贴身婢女大概已经猜到司马懿装病的事实，她既没有机会把这个秘密宣扬出去，也不想当一个饶舌的女人，因此她认为没什么可担心的，老老实实该做啥就做啥。她哪里知道，自己的小命即将不保。对于这家人来说，司马懿的秘密可比一个婢女的命重要得多。

夜深了，司马懿还在床上长吁短叹。他纵然饱读诗书，但在这样的难题面前仍是一筹莫展。他指望的前程，也许就会毁在他今天贸然的举动上。曹操很快就会得知他在装病，罪名很快就会扣在他头上。

一旁的张春华开口了："夫君安心，她不会有机会说出去的。"黑暗中，司马懿看不清她的眼神，只"嗯"了一声，期待她讲得再清楚一点儿。

"她死了。"

司马懿惊得翻起身看着妻子，张春华杀死了婢女！而她却没有露出一丝慌乱或者歉意。司马懿重重又躺了下去。同榻的这个女人不简单，我司马懿需要这个妻子。

张春华后来给司马懿生有司马师、司马昭、司马干和一个女儿。自汉以来，就有一个根深蒂固的观念，"母以子贵，子以母贵"，司马师、司马昭后来都不同凡响，张春华受到尊崇也是必然的。

需要留意的是，鉴于《汉书》时不时就出现后妃的母亲梦见月亮等祥瑞，而张春华出生时却没有这样类似神话的描写，颇令人费解。

第二章

家臣·谋士·进阶

文学掾是什么官

建安元年（公元 196 年）十一月，汉献帝封曹操为司空，行车骑将军事。东汉的三公（太尉、司徒和司空）等高位者可以开府，建立一套对自己负责的行政班子，这些属下官员被称作掾或属。

建安十三年（公元 208 年），曹操罢去三公而又置丞相、御史大夫，且自为丞相。曹操丞相府的行政班子，大致是丞相以下设长史和主簿，再往下设若干曹，各曹的正职称掾，副职称掾属。

司马懿应召到丞相府当文学掾，主要职责是执掌文献经典，负责管理教化、礼仪方面的事务。没有经学基础，干不来这个差事。

司马懿担任文学掾，最大的好处是与领导和领导的公子们走得近。曹操让司马懿与曹丕多接触，一起活动，一起读书，在经史方面对曹丕施加影响。

曹操的公子中，年长的有曹昂、曹丕、曹彰、曹植、曹熊等人，其中曹丕、曹植的文学修养高，在文学界和父亲曹操并称"三曹"。他们爱好吟诗作赋，但司马懿对此并不擅长，他读的书多是诸子百家、经史子集。古人认为这都是经世的学问。

虽然司马懿没有领导和领导公子们的文学才能，但他并没想要补这个短板。乱世能写好诗固然不差，不能写诗也没啥，关键是得提高能帮助领导解决问题的能力。

在工作中，司马懿看到曹操重视人才选拔，因此也有意结识出众的人才。

其中一位叫蒋济，出身九江大族。此人有胆有识，20岁时便用计吓退孙权。

孙权在赤壁之战后，准备乘势夺回被曹军占据的九江郡，一统江东。吴兵气势汹汹兵临合肥。此时蒋济任扬州别驾，他给刺史刘馥献计，让派出三支小分队到合肥前线去。三支小分队都携带着同样的绝密情报，内容是让前线将士不要慌，曹丞相将带三万人马救援合肥，十日内就到。

三支小分队有意从三个不同方向穿过吴军阵地，吴军截获了其中两支小分队携带的情报。孙权担心曹操真的率军前来，正在踌躇间，三千曹军援军赶到，这也是曹操所能派出最多的救援兵力。三千曹军援军取得小胜，更加重了孙权的担心。他思虑再三，下令撤兵。经此一役，蒋济名声大噪。

但曹操经此一役，看出扬州九江郡的危机，下令将九江郡的百姓，迁入中原，蒋济劝阻无效。结果九江郡多数望族名门都南渡过江，投靠孙权。曹操知道自己失策，向蒋济承认错误，并邀请他加入丞相府的智囊团。

蒋济年轻，不准备给道歉的曹操台阶下，被司马懿当场劝住了。自此，他经常和司马懿同进同出。通过蒋济，司马懿又结识了文武双全的胡质。后来这三人的政治利益捆绑在了一起。

有一天，曹操向蒋济打听江淮胡家年轻一辈的情况。他琢磨胡敏的年龄大了，他的子孙辈若是有出众的人才，得纳入麾下。

蒋济答道，胡敏有个儿子叫胡质，虽处理大问题不如胡敏，但处理细小事情很心细，超过胡敏。

曹操随后任命胡质为顿丘县（今河北馆陶县）县令，后任丞相东曹议令史等。

曹操这样询问，透露出他对名士家族新秀的重视。辅佐曹操的主要是两大集团——汝颖集团重视儒学，主要担任文职；谯沛集团崇尚武风，主要担任武职。

曹操的基业与他积极吸收和培养人才有关。当年跟随他打天下的谋士已逐渐凋零，他的智囊团急切需要补充新的血液。

很明显，曹操这样重视人才的态度，也提点着司马懿。他很清楚，要想在曹操身边站住脚，前提是自己得是出类拔萃的人才。而曹操也会筛选，优秀的人留下来继续培养，平庸的人剔除出去，以确保智囊团内部维持良性循环。

要想让自己更加出类拔萃，最直接的方法，当然是向身边的人学习。

曹操身边的第一谋士是出身颍川颍阴大族的荀彧。荀彧的祖父荀淑，在汉顺帝、汉桓帝时期，闻名天下。他的八个儿子也很有本事，号称"八龙"。颍川荀家选择支持曹操，让曹操如虎添翼。

荀彧是司马懿的推荐人。正是荀彧在曹操面前的大力举荐，司马懿才当上了丞相府文学掾。

工作中，司马懿很自然地以职场前辈兼世伯荀彧为榜样。

建安元年，曹操击破黄巾军。荀彧建议曹操到洛阳迎汉献帝到许都，"奉天子以令不臣"。曹操听计，奉迎天子赢得了民心。汉献帝到达许都后，曹操被封为大将军，荀彧被封为汉朝侍中、尚书令。

荀彧总是站在公正的角度处理政务。他有一个好朋友，想借着他的关系当个议郎一类的官职，但是被他拒绝了。荀彧说："做官要靠才能，如果破格提拔了你，大家会怎么看待我？"

荀彧有才有德，曹操常年征伐在外，军国大事都交给荀彧处理。司马懿评价荀彧说："我一生耳闻目睹所知道的人，一百几十年间的贤才，没有能赶上荀令君的。"

有这样的榜样，司马懿自然跟着学样做事。这期间朝廷发生了一件大事，让他对政治斗争的残酷有了更多的认识。

这次陷入政治斗争旋涡的主角叫孔融，就是那个"孔融让梨"里的男主角。孔融能进入东汉末年的主流政治生活，不是靠让梨，而是靠收留党人名士张俭。那时孔融才 12 岁，张俭举报当时的大宦官侯览的家人犯法，侯览怀恨在心，令州郡捉拿他。张俭与孔融兄长孔褒是好友，逃到孔家，不想孔褒不在家，孔融自作主张让他在家藏匿。不想事发，张俭再次逃走，孔褒、孔融被抓了起来。

要给他二人定罪的时候，孔融说："收容匿藏张俭的是我，罪在我。"孔褒说:"张俭找的是我,弟弟并不知情,罪在我。"

官吏找他们的母亲问话,母亲说:"年长的人承担家事,罪责在我。"

调查此事的官员也是第一次遇到这样的情况,于是打了报告向上请示。上面给孔褒定了罪,孔融因此事而闻名。世人都称赞他小小年纪,就能有如此担当。

后来孔融成为司徒杨赐的门生。在董卓入洛阳控制朝政后,孔融没有屈服董卓的权威,继续直言进谏,被董卓打发去担任北海相。等到曹操迎汉献帝,孔融也被邀请入朝,成为朝中名士的领袖,正是这个身份,让孔融走在了限制曹操专权的第一线。

在曹操想要恢复肉刑,以便从制度层面去压制和自己作对的士大夫时,孔融从仁义的角度提出反对意见,成功阻止了曹操恢复肉刑。

在和袁绍的大战一触即发前,曹操借荆州牧刘表在礼仪方面比拟天子的行为,想要打击袁绍的盟友时,孔融又表示反对。他认为,如果公开刘表的罪状,会使"跛牂欲窥高岸,天险可得而登也"。朝廷刚刚才公布了袁绍的罪行,现在又称刘表篡逆,会让老百姓觉得天下已大乱。他的本意是为了维护汉室尊严,但又对曹操、刘表这样的权臣篡权充满了忌惮。就这样,孔融再次让曹操恶心了一把。

曹操没有直接杀孔融,而是让御史大夫郗虑按程序奏请汉献帝处置。郗虑上报朝廷,说孔融有"招合徒众""欲图不轨""谤讪朝廷""不遵超仪"等几大罪名。

曹操在幕后，郗虑在台前，一切都显得正大光明。

孔融被杀，给司马懿上了生动的一课。孔融的恃才狂妄，他早已有所耳闻，但孔融不幸被杀是他没想到的。他算看懂了，对待政治上和自己对着干的敌人，曹操毫不留情，而是寻找种种理由将其彻底消灭。

司马懿理解曹操的做法，他也更加明白要在低调隐忍中积累力量。野史中，司马懿被称为"冢虎"。猛虎虽然可怖，但尚未长出獠牙前，连狗都不如。他可不愿意冒险。

随曹操征伐汉中的参谋

孔融被杀的那一年，曹操率兵在赤壁和孙刘联军对峙，最大限度规避了自己是谋害孔融主谋的嫌疑。这一点，即使司马懿刚在丞相府当文学掾，但还是看得明白的。侍候这样的领导，得保证小心当差，不出事、不捅娄子。

司马懿办事能力强，很快升职，先后担任朝廷的黄门侍郎、议郎，以及丞相府东曹掾等职务。在兄长司马朗担任兖州刺史后，司马懿接替了丞相府主簿的职务。这个职务相当于丞相府的办公室主任。

司马懿担任的职务都属于文职，他要想和先辈一样在马上建功立业，还要等待机会。

建安二十年（公元215年），这机会终于来了。司马懿随军出征，给曹操当行军参谋。

曹操趁刘备在益州立足未稳，亲率十万大军征伐汉中的割据势力张鲁。张鲁是五斗米道教（或称天师道）创始人张道陵之孙，在祖父张道陵、父亲张衡去世后，张鲁成为五斗米道教的首领。

五斗米教的兴起与东汉末年的乱局有关，张鲁的祖父、父亲借着给穷人看病的机会发动群众。治好别人的病，不要钱，只要交上五斗米就行，因此得名五斗米教。

虽然张鲁在汉中根基牢固，建立政教合一的政权将近三十年，但他听闻曹操亲率大军前来，自知不敌，本想投降，却被他弟弟张卫拦下了。张卫自告奋勇带着数万人坚守阳平关。

张卫依托阳平关南北二山之间的险要地形，修筑了长达十余里的防御工事，曹军紧攻几日，没有效果。曹操命令假撤退，麻痹守军后，利用夜袭，这才拿下了阳平关。蜀地天险给曹操留下了深刻印象。

张鲁见阳平关失守，又想投降曹操，郡功曹阎圃劝阻说："现在被迫投降，显不出有多大功劳。不如投奔巴中的杜濩和朴胡，抵抗一阵子，然后再归顺曹操，功劳就显得大了。"张鲁表示同意。

阳平关被攻破，意味着汉中门户大开。手下的人恐惧，想把仓库的库藏、宝物全部焚毁后逃掉，被张鲁制止。张鲁说："宝货仓库，国家之有。"他并不认为这些宝物是自己的私产，号令妥善封存后再走。

曹操到达南郑后，对张鲁不焚毁珠宝的行为很满意。处于这样的地位的人，贪恋珠宝是不智慧的行为，毁坏珠宝是心胸狭隘的行为。张鲁这两样都没占，看来他也猜到了张鲁想要归顺的心思，便派人到巴中劝降。

巴中首领和张鲁先后到南郑，向曹操归顺。曹操将巴郡分为巴东郡、巴西郡和巴郡，以朴胡为巴东郡太守，杜濩为巴西郡太守，任约为巴郡太守。曹操任命张鲁为镇南将军，封阆中侯。张鲁的五个儿子和阎圃都被封为列侯。

曹操占领汉中后，司马懿建议直接向益州进军。他的理由很简单，赤壁之战后，刘备在荆州与孙权的控制权上的矛盾日深，在益州立足未稳，可以说是内忧外患，正是曹操进攻的好时机。

按照司马懿的分析，"刘备以诈力虏刘璋"（《晋书·宣帝纪》）。益州牧刘璋想借刘备的力量对付汉中太守张鲁，刘备留诸葛亮、关羽、张飞等人守荆州，自己带庞统、黄忠、魏延等人入川。在得到刘璋大批物资后，刘备率军在葭萌关（今四川广元）停了下来，不再前进。

建安十七年（公元 212 年），曹操伐吴，孙权写信向刘备求助。刘备以此向刘璋再提条件，要求再增补兵员和粮草。刘璋恼怒刘备贪得无厌，在讨伐张鲁上一事无成，便在供给刘备的军需上打了折扣，引起刘备不满。正巧这时刘璋杀了愿意充当刘备内应的张松，刘备以此为借口攻打益州。

当时成都城内有精兵三万，粮草可供一年开销。军民士气很足，都愿死战。《资治通鉴》记录了这一笔[①]，说明刘璋在成都很得民心。但刘璋不忍百姓伤亡，开城投降了。

益州士人感佩刘璋的德行，对刘备心怀芥蒂。曹操的另一个谋士刘晔和司马懿的意见一致。他说，现在攻下汉中，让蜀人胆战心惊，此时一道声讨檄文，就能平定蜀地。刘备是人中豪杰，诸葛亮治国有方，加上关羽、张飞勇冠三军，再过些时日，蜀民既定，据险守要，再去攻打就不容易了。

曹操沉吟许久，还是没有采纳继续向蜀进军的作战建议。蜀地艰险，地形复杂，就是攻破阳平关，在曹操看来，也实属侥幸。

他拒绝了司马懿和刘晔的提议，化用了"得陇望蜀"的历史典故，对司马懿说："人还是应该知足，不要既得到了汉中，又想得到巴蜀。"②

曹操提到这个"得陇望蜀"的故事，司马懿也很熟悉。

故事的主角是起兵反对王莽的刘秀，配角是跟随他一路打天下的岑彭。攻克天水之后，刘秀需要提前返回首都洛阳，临行前，他给岑彭留下一封信，交代岑彭说：等攻下了西城后，便可以直接发兵南下，攻打西蜀的公孙述。在信里，刘秀也在感叹人心总是苦于不能知足，如今大军攻下陇西，又盼望能进军西蜀。信里流露出一些感叹韶华易逝的情绪，说他每次发兵，他的头发、鬓角就要白一些。

刘秀后来既得到了汉中，也得到了巴蜀，一统天下，成为汉朝的中兴之主。后来这个成语逐渐演化，专指贪心不足。曹操想表达的，就是这个意思。

当然深层次的原因，是此时曹操年纪大了，虽有"壮志不已"的豪情，但身体每况愈下。何况朝中反对他的力量一直存在，他时刻担心有人想害他。这种担心不是杞人忧天，在他平定汉中三年后，太医令吉本与少府耿纪等五人，趁曹操不在许都，而是在其封地邺城办公之机，发动兵变，准备杀死丞相长史王必，然后带着汉献帝，在关羽的帮助下投奔刘备。这次兵变虽然很快被镇压，但再次绷紧了曹操的敏感神经。

曹操内心的担忧是不会给司马懿这些年轻人讲的。

七天后，密探从蜀地报来消息，曹操大军平定汉中。益州军民得知后惶惶不可终日，刘备一天杀了数十个人，也没有使民心安定下来。

这消息验证了司马懿和刘晔关于益州局势的判断。曹操似乎有些后悔，按捺不住蠢蠢欲动，问二人："现在攻打益州，还不晚吧？"

两位年轻人心知肚明，知道曹操早已有决策，不过问问而已，也就不坚持自己先前的建议。刘晔抢先说："益州现在已经安稳了许多，不适合再去攻打了。"

曹操领兵回中原前，以夏侯渊为都护将军，督张郃、徐晃等大将，驻守汉中。

刘备其实也意识到汉中郡对蜀地的重要性，他派偏将军黄权去巴中迎接张鲁。可惜晚到一步，黄权到达巴中时，张鲁已经归附曹操。得知曹操退军，黄权经请示刘备，领军打败了朴胡、杜濩、任约，占据了"三巴"地区。

这个消息让夏侯渊像吃了苍蝇一样难受，他令张郃从汉中领兵南下，夺回"三巴"地区。不想张郃在宕渠（今四川渠县东北）被张飞打败，张郃只好退兵。

注释

① 见《资治通鉴·汉纪》:"时城中尚有精兵三万人,谷帛支一年,吏民咸欲死战。"

② 见《晋书·宣帝纪》:"人苦无足,既得陇右,复欲得蜀。"

靠能力和忠诚赢得信任

汉代的选官通常有两类，一类叫察举，基层向上面推荐人才；一类是征辟，由上面向基层辟召人才。

司马懿是被曹操征辟后，在丞相府担任文学掾。通常这类有能力的官员，不仅在丞相府有一份工作，而且也兼任朝廷的工作。比如荀彧。荀彧的本职工作是尚书令，同时在曹操的司空府（后为丞相府）参谋军事。

司马懿担任丞相府的文学掾不久，便在皇帝的小朝廷里担任黄门侍郎。这个职务负责公文转达，能自由进出禁内。黄门侍郎和皇帝工作时间同步，信息来源也同步，因此几乎可以获悉全部朝中事务。

曹操推荐司马懿担任黄门侍郎，可以看作曹操对司马懿是否忠心的一个试探。

曹操对司马懿表现出来的能力和忠心无可挑剔，便将司马懿升到议郎这个职位。司马懿的官秩提高了一百石，还能参与朝政。

在丞相府里，司马懿转任东曹属，参与丞相府的人事工作，后又任类似秘书的主簿，掌管丞相府文书簿籍等工作。司马懿进入丞相府后，先后从事不同类别的多项工作，这使司马懿得到了锻炼。

司马懿工作勤勉、办事谨慎，这让律下甚严的曹操也从未责罚他。

从一个细微之处便能窥见曹操日常对待属下的态度。丞相府东曹掾何夔就因担心遭到杖责而受辱，故而怀中经常揣着毒药，随时准备以死抗争。

在这样的工作氛围下，司马懿处处小心谨慎，工作更加勤勉，连铡草、喂马之类的事都亲力亲为。久而久之，在曹操的心中，司马懿逐渐树立起了踏实做事、低调做人的下属形象。

当然，在曹操手下工作，仅靠这些品质是得不到重用的，关键还是要有能力，丞相府里不养闲人。司马懿不久就发现了曹操缺粮草。他相信帮领导想到解决问题的办法，自然可以让领导看到自己的能力。

简略来说，在担任军司马一职时，司马懿向曹操建议军屯田，尤其是在与吴国、蜀国的边境地区推行军屯田。

屯田不是新鲜事物，早在汉武帝时期，出于巩固西域、防备匈奴的需要，就有官员建议在轮台屯田。因为屯田不只是种地，还要设置都尉、兴建水利设施，是一个系统性工程。

屯田对曹操来说并不陌生。在枣祗、任峻、国渊等人的帮助下，他曾颁布《置屯田令》，在许都附近开始屯田，每年可得谷百万斛。尝到屯田的甜头后，北方地区开始全面推广这一政策。

和以往屯田侧重于民屯不同，司马懿的建议在于军屯。建安末年，三国局势趋于平稳，司马懿经过调研，发现有二十万军队可用于屯田，既养兵，又增粮。

拿紧靠东吴的蕲春来说，民屯在这一地区推行得并不顺利，主要是农业生产常常遭到吕蒙军队的侵扰。辛辛苦苦种下的粮食，到了收获季节，成了敌人的口粮，得不偿失。

司马懿说：在边境地区只有驻军兼办屯田，才是进可以攻、退可以守的长策。况且，若是边境地区的驻军不屯田，仅运输粮食这一项，就是一笔大支出。

司马懿继而阐述了对实施军屯的大致方案，人员配置上以营为基本单位，一营六十人；地租缴纳上，士卒收获的粮食，要按照一定比例上缴国库；军屯分为两种类型，一种类型是沿袭汉代的做法，现役军人屯田，不准携带家属；另一种类型是屯田的主要劳动力来源于从征将士的家属和尚未被抽调的后备役士兵。

司马懿这么一讲，熟悉屯田的曹操表示赞成，国家还没有统一，军队不能说解散就解散，他命令军队不打仗时种地，从事生产。

在领导眼里，司马懿有能力。但北方已定，没有更大的舞台供其施展才能，不像前期的谋臣，如荀彧、荀攸、郭嘉、程昱、贾诩、戏志才等谋士跟随曹操在血雨腥风中运筹帷幄。

在曹操手下，司马懿并没有得到重用。《晋书·宣帝纪》列出了两点理由。其一，是司马懿有"狼顾之相"，头转180度角，而身体可以不动，曹操认定这是有野心的面相，不可不防。其二，曹操给曹丕讲，他做了一个梦，梦里有三匹马同在一个槽里吃草料。曹操的理解是，有三个姓司马的人要抢夺曹家的基业。

按照曹操多疑的性格，如果真怀疑司马懿有篡位夺权的野心，早就找机会把他杀了。曹操没有杀他，是因为他在恰当的时机表露了自己对曹家的忠诚。

建安十七年（公元212年）十月，谏议大夫董昭洞悉曹操的心意，与列侯诸将商议，认为曹操应该晋封为国公并受九锡之礼。曹操借此试探群臣心意。曹操的第一谋臣荀彧表示反对。这体现了一部分曹操属下的心理，当年他们投靠曹操，是希望曹操能挽救汉家江山，而不是让曹操取而代之。曹操心怀不满，迫使荀彧自杀。

孔融、荀彧的死，对司马懿的冲击很大。种种迹象都表明曹操建立王霸之业的路上，任何阻挡他的人，不管名气有多大，功劳有多高，都会被他无情抛弃。

建安二十二年（公元217年），司马懿的兄长、兖州刺史司马朗随军征伐东吴，恰逢军中瘟疫，不幸染病身亡。司马朗是曹操喜欢的青年才俊，他的因公殉职让曹操对司马氏的忠于职守十分感慨，也让曹操不由自主地想到了司马懿的才能。

曹操认为有必要向司马家释放自己的善意，他下令将司马防接到邺城，请老领导来散散心。

司马防没有拒绝曹操的好意。两人相见，谈笑甚欢。

曹操开玩笑道："司马公，你看我现在做个洛阳北部尉怎么样？"司马防回答道："那个时候，大王最适合担任的是洛阳北部尉。"

曹操闻听，大笑。

在曹操十多年来的苦心经营下，此时的邺城，已经扩建成天下最为繁华的大都会。曹魏非富即贵的人也都搬来这里居住。

司马懿和父亲司马防商量，曹操手下的非嫡系将领，像张燕、臧霸这些人都将家眷迁到邺城，不如司马氏也在邺城定居。司马防知道，这是司马氏向曹操表忠心的机会，表示同意。

更大的表忠心的机会终于来了。建安二十四年（公元219年）年末，东吴吕蒙袭江陵，关羽身亡，孙权担心魏蜀联手对付自己，赶紧上表称臣，并派出特使，劝曹操正位称帝。司马懿此时的表现是，全力支持曹操黄袍加身。

司马懿说："汉朝的气运如今走到了尽头，现在天下十分，殿下占了九分，孙权称臣，这也是上天的旨意。尧帝禅位给虞舜，虞舜又禅位给夏禹，成汤打败了夏桀，周武王打败了殷纣王，都是秉承上天和命运的安排。"①

司马懿的言辞并不新颖，其他人也这样说过。拍马屁的套路相差不多，凡是找不到依据的，可以都归结于上天的安排。汉高祖刘邦斩杀白蛇，得到天下。这是臣子们帮他想出的一个君权神授的理由，有了这个理由，就有了称帝的合法性。

司马懿其实也是在帮曹操想一个合理的篡位理由。

在拥曹还是拥汉这一原则问题上，曹操要求属下给出明确态度。司马懿的态度让他很满意。

荀彧被杀后，群臣心知肚明，对曹氏代汉采取了支持或默认的态度。汝颍集团新的核心人物司马懿、陈群和桓阶等，不再像之前荀彧等人坚定拥护汉室，他们甚至比谯沛集团那些早早追随曹操的族人更让曹操相信：曹氏代汉的时机已经成熟。

司马懿虽然年轻，但他的政治嗅觉超过了他曾经的政治领路人荀彧。他终于消除了曹操对他的杀意。有时候，曹丕也会帮他说好话。

曹操并不喜欢曹丕和司马懿走得太近。他告诫曹丕以后不要把司马懿当朋友，君王作为孤家寡人没有朋友，只有下属。曹丕的反应大概让曹操不太满意，他又对司马懿说，曹丕阴刻多疑更甚于我，你以后自求多福吧。

注释

① 语出《晋书·宣帝纪》："汉运垂终，殿下十分天下而有其九，以服事之。权之称臣，天人之意也。虞、夏、殷、周不以谦让者，畏天知命也。"

襄樊之战阻迁都

建安二十四年（公元 219 年）七月，关羽率兵进攻曹魏，史称襄樊战役。

襄樊战役前，司马懿对荆州刺史、南乡太守的任命提出过质疑。他的意见是，荆州是魏蜀吴三方争夺的焦点，这里官员的任命很重要，可荆州刺史胡修性格粗暴，南乡太守傅芳骄奢，都不是合适的人选。曹操并没有把司马懿的意见听进去。

襄樊战役打响后，关羽亲自带军攻打樊城。八月，天降暴雨，樊城外的积水高达五六丈。曹魏的城池和军营都被淹了。魏军有马无舟，动弹不得。关羽手下的舟兵驾船猛攻在樊城外防守的魏军大将于禁、庞德。于禁投降，庞德被杀。此战关羽俘获曹军三万余人，曹魏举国震动。

也就是在这个时候，司马懿提到的荆州刺史胡修、南乡太守傅芳投降了关羽。这再次向曹操证明了司马懿的识人、用人能力。

十月，曹操来到洛阳，便于就近指挥襄阳和樊城的保卫战。军司马司马懿随同曹操到达洛阳。襄樊局势比两个月前更紧张了。许昌、南阳等地变民纷纷起事，他们袭杀了曹魏的地方官员，并宣称自己已被关羽授予官职，搅得曹魏人心惶惶。关羽的个人声望达到顶峰，享"威震华夏"之誉。

曹操此时想到的紧急问题，居然是迁都。汉献帝在都城许昌，关羽的游军已经出现在距离许昌75公里外的颍川郡郏县（今河南郏县），曹操担心自己手头最大的一个筹码被人抢走，不得不早做预案。

他召集谋士们商量对策。司马懿这些天一直在思考襄樊战事，他不赞成迁都，理由是：关羽之所以能水淹于禁、庞德等部，不是魏军的战斗力不行，而是因为关羽借助暴雨气候，侥幸取胜。这样的胜利对我们的威胁并不太大。如果因此而迁都，既会让敌人士气大涨，也会让襄樊守军士气受挫。

司马懿想到了当年的潼关之战。简单回溯一下，潼关之战中，曹操与韩遂和马腾父子两路大军力战于渭水两岸，一时胜负难分。曹操问计于贾诩，贾诩建议用离间计，分化韩遂和马腾父子，对方果然中计。曹操取得潼关大捷。

司马懿认为，此时的荆州情形，和当年潼关之战好有一比。虽然孙权与刘备的结盟表面上亲如一家，其实各有各的打算。关羽如今势头这么强，一定不是孙权乐意看到的，因此我们只要利用他们之间的矛盾，让孙权在后面牵制关羽，那么樊城之围自然就解除了。

曹操赞同司马懿对于局势的判断。

孙权果然如司马懿的分析，嫉妒关羽的胜利，担心蜀汉由此坐大。曹操提出割江南地作为魏吴结盟的条件，他欣然接受。两军制订了联合进攻关羽的计划。

从后来的事态发展来看，东吴新一代将星陆逊出场，他不仅和吕蒙合计，赚得江陵，还堵住了关羽逃往蜀中的各条道路。

魏军也开始行动。曹操亲率主力部队到达摩陂（今河南郏县东南），并多次派遣增援部队到郾城，由徐晃指挥。徐晃打败关羽，解了樊城之围。

关羽在魏吴联军的连续打击下，一败再败，在麦城突围后，被吴军擒获，终被孙权所杀。孙权派使者把关羽的人头送给曹操，曹操大喜。蜀汉人物中，曹操忌惮文武双全的关羽，一场襄樊之战，差点儿让他想要迁都。

如今危险人物被清除，曹操高兴地对手下说："关羽死了，我睡觉也踏实了。"

此时司马懿站出来泼冷水。他的逻辑非常清楚：清除掉关羽固然可喜，但孙权这一手玩得高明，他杀了关羽，怕刘备找他复仇，因此把关羽首级献给丞相，借此让刘备迁怒丞相，不去攻打吴国而来攻袭我地，他孙权借此渔翁得利。

看来，司马懿深谙兵法，不只是单纯在战场上才想着兵法的妙处。最终，曹操接受了他的建议，令人用沉香木刻了一副身躯，和关羽头颅一起厚葬。曹魏封了关羽一个荆王的名号，葬礼规格用的是王侯之礼，曹操带群臣一同祭拜，仪式很隆重，唯恐蜀汉的间谍察觉不到。关羽下葬后，曹操还派遣官员给他守墓。

司马懿的这番操作，果然让刘备深恨孙权，不顾群臣阻拦，誓要举国之力南征，为关羽报仇。

襄樊战役后，曹操在摩陂召集大家开了一个重要的会，研究荆州未来的局势。

历经多年战火，曹魏在南阳郡、南郡北部的大片土地已经变成焦土。有人提出建议，把这一带的老百姓以及在汉水两岸屯田的军士迁到内地去。曹操征求大家意见。

司马懿认为不妥。他说，荆楚之地属于战略重地，不可丢，关羽刚刚被打败，在此局势错综复杂之际，那些想作恶的人尚在观望之中，如果现在移民，采取退守的办法，既会让那里的局势动荡不安，还会让那些暂时逃离的人不敢再回来。①

曹操认可司马懿的分析，不再提移民方案，而是加强了在襄阳、南阳一带的力量。不出所料，在局势稳定后，这一带外逃的难民又回到了故土。

曹操在摩陂还主持举办了一次盛大的庆功宴。他给徐晃敬酒，徐晃勇斗关羽，曹操称赞徐晃保全了襄阳、樊城。

但他没有给司马懿也敬上一杯。他的智囊团前期主要成员德才兼备，他还要继续观察这个年轻的谋士。

注释

① 语出《晋书·宣帝纪》："荆楚轻脱，易动难安。关羽新破，诸为恶者藏窜观望。今徙其善者，既伤其意，将令去者不敢复还。"

第三章

夺嗣・代汉・良策

帮曹丕夺嗣

曹丕的夺嗣之路并不轻松。

前期，他的有力竞争者是曹冲。曹冲五六岁时，就有神童之称，曹冲称象的故事，流传千年。可惜这孩子在 13 岁时不幸重病身亡。曹操曾冷冷地对安慰他的曹丕说，曹冲的死是我的不幸，却是你们兄弟的幸运。

曹冲去世后，曹丕的竞争对手成了曹植。曹操一直在考察二人，看哪个儿子更胜一筹。

曹植的身后站着杨修和丁仪、丁廙两兄弟，出大力的是杨修。有一天，曹植、曹丕接到曹操的命令，让他俩出城办事，同时曹操又下令给守城的官员，不让兄弟俩出城。曹丕受到阻拦，只好折返。曹植在出城时，同样受到城门官阻拦。杨修提醒他，你是受到魏王命令出城的，遇到阻拦，可以斩杀。曹植听计，在曹操的心中加了分。

曹丕也有自己的智囊团，当时人称太子"四友"。他们是司马懿、陈群、吴质和朱铄。

陈群的才能会在后文提到，这里先说吴质和朱铄。

吴质这人有奇谋，曹丕也比较倚重他。吴质这时担任的职务是朝歌县长，属于外官。按规定，曹丕不能私自接见他。曹丕就派人用车装上废竹箱，把吴质藏于箱中拉进府内。

曹丕的眼线传来消息，杨修将此事报告给了曹操。

曹丕慌了，同吴质商量对策。吴质说："没什么可怕的，明天再拉竹箱进府，箱中装上绵帛，丞相必然派人来查验，查无实据，杨修就麻烦了。"曹操果然派人检查，由于没有查出人来，便认为是杨修诬陷曹丕。

吴质虽然有才能，但这人和司马懿最大的不同，就是不会低调做人。

黄初五年（公元 224 年），吴质入朝京师，曹丕招呼大将军曹真、中领军朱铄等高官到吴质住所聚会，喝喝酒、听听曲。

曹真体肥、朱铄体瘦，吴质事先就吩咐表演节目的艺人，准备好有关肥瘦内容的节目。曹真感觉自己受到戏弄，怒斥吴质无礼。

吴质也是酒喝多了，手握宝剑说："曹真，你不过是屠夫案板上的肥肉，我吞你不摇喉，嚼你不摇牙，你怎能依靠贵势骄横跋扈呢？"

朱铄见状，忍不住起身劝吴质说："陛下是让我等来快乐的，何至于说这么难听的话？"

吴质当即脸色就变了，呵斥道："朱铄，你敢破坏秩序擅自离席！"

朱铄心中愤怒，又不好发作，便拔剑砍地。这场宴席不欢而散。

性格决定命运。吴质成功后，过于骄纵，连皇族都不放在眼里。朱铄恼怒起来，不能自禁。他们两人和司马懿比起来，确实相差不止一个等级。

建安十六年（公元 211 年）正月，曹操以汉献帝的名义发布对曹丕的任命，任命他为五官中郎将，置官属，为丞相副。

五官中郎将这个职位没什么了不起。他管理宫里 50 岁以上的郎官，这些郎官职位不高，是宫内中低层办事人员，通常承担天子的护卫陪从、在宫内官署值班等任务。

"为丞相副"这个任命就厉害了。"丞相副"就是"副丞相"，给曹操担任副手。最让曹丕心动的还是"置官属"，这意味着他拥有和三公、大将军这样的高级官员相同的开府权力，能组建一套自己的行政班子，扶植自己的势力。

陈群已经替曹丕选了一些人才，包括夏侯尚、曹真、曹休、卢毓、徐干、刘桢等人，这些人大都二三十岁，正是想大展拳脚、开辟出一片天地的年龄。

曹丕向父亲递交了五官中郎将府的名单。曹操划掉了陈群、司马懿、曹真、曹休的名字。陈群、司马懿继续在丞相府任职，曹真、曹休仍然待在虎豹骑。

　　从曹操允许曹丕开府，似乎表明他已经把曹丕视为接班人培养，可接下来曹操的几项任命，完全让司马懿看不懂曹操到底是怎么想的。

　　首先是吴质被调到朝歌当县长，曹丕认为最能给他筹谋划策的人被调离。其次是曹植的"智囊"杨修被提拔为丞相府的主簿。在这个岗位的员工和领导几乎朝夕相处，杨修完全有便利帮曹植观察领导的一举一动，继而做出有利的预判。

　　杨修的小聪明也被激发出来。平时曹操常拿一些军国大事征求曹丕、曹植的意见。杨修偷偷帮曹植预先准备了答案。可多疑的曹操很快发现，有些问题曹植就能对答如流，有些问题他却说不出个所以然。知道事情真相后，曹操对杨修的所作所为甚为恼怒。大臣参与嗣子之争，触了曹操的逆鳞。

　　司马懿与杨修的耍小聪明不同，他给曹丕出的主意堪称"大谋""奇策"①。而且他和吴质等人的谋划不同，他人几乎不知道谋划是司马懿出的，所有的功劳都是曹丕的。

　　曹丕有意结交朝廷重臣，比如桓阶、毛玠、贾诩、钟繇、辛毗等。当曹操征询立谁为太子时，这些重臣都异口同声为曹丕说好话。桓阶直接为曹丕说好话，说他在曹家孩子中最优秀，美名也为天下所知。毛玠、贾诩等人则要委婉一些，他们以袁绍、刘表等人立幼不立长的反面教训，提醒曹操不要重蹈覆辙。

　　曹丕还有意结交曹操的年轻夫人们。曹操晚年最宠信曹干的母亲，她也经常帮曹丕吹枕边风。

　　在打造自身人设上，曹丕也得到了指点。他写了一本《典论》，这是我国第一篇文学批评论文。在《典论》的《自叙》一章，曹丕说他"六岁而知射""八岁而能骑射矣"，有意凸显文武双全的形象。在有意地运作下，《典论》甚至流传到孙吴地区。

而曹植对夺嗣则淡然得多，他的行事更像一位诗人，而不像一位嗣君的竞争者。他性格洒脱，不拘小节，常常喝酒误事，让曹操心中的天平逐渐偏向曹丕。

这时，发生了一件事，彻底让曹操下定决心。

皇宫各门，供天子和天子代表走的门叫司马门。此门旁人不能入，入则死罪。曹植偏偏就要犯忌讳，乘坐马车疾驰，命令守卫开司马门出去。曹操对他的不满一下就爆发了，能饶他一命已是法外开恩，至于成为嗣君，显然他已经丧失了机会。

在曹丕、曹植的夺嗣过程中，司马家族更看好曹丕。

谁都知道，如若没有曹丕对司马懿破格提拔，司马懿不可能走到权力金字塔的顶层。在他的成功路上，他先是跟对了领导，才会顺利成为被领导看见的那一小拨人。当然，要想走得更高更远，就得靠他治军治政的水平，踏实肯干、忍辱负重的性格了。

原本司马懿的弟弟司马孚在曹植那里担任文学掾，当他发现曹植并不适合做一个政治人物后，也选择和二哥司马懿一道追随曹丕。

注 释

① 语出《晋书·宣帝纪》："每与大谋，辄有奇策，为太子所信重。"

扶新皇上位

建安二十五年（公元 220 年）春，曹操走上了英雄末路。

临死前，曹操留下一句意味深长的话："若天命在吾，吾为周文王矣。"他自比周文王。周文王也许没有称帝的野心，但他的儿子周武王最终灭掉了商朝。

在他的遗嘱里，他希望自己的丧事能够尽可能地简化，不要铺张；他还要求边境的士兵们忠于职责，不要懈怠；对于他的妻妾，他希望她们的生活能够简单一些，可以编织成品贩卖以维持生计。曹操的遗嘱也影响了司马懿对自己遗嘱的制定，这是后话。

建安二十四年（公元 219 年）的年底，司马懿的父亲司马防病逝于邺城。

司马懿远在洛阳当差，主持办理司马防丧事的是司马孚。

建安二十五年（公元 220 年）三月，曹操去世。司马孚刚把家里的丧事料理完，就开始忙曹操的丧事。

按照礼制，父母离世做子女的要守丧三年。不过，在皇帝特批时例外，有道是忠孝不能两全。曹操新丧，曹丕面临焦头烂额的局面，需要司马懿和司马孚兄弟帮他处理麻烦，自然不会让他们在家守丧。

曹操死时，曹丕远在邺城，负责处理曹操丧事的是主簿兼谏议大夫贾逵。司马懿作为助手，协助处理相关事宜。他和贾逵遇到的首要问题是：要不要发丧？

曹操作为曹魏的实际统治者和精神领袖，一旦发丧，在曹魏内部会引起权力结构改变，外部的孙权、刘备也会趁势进攻。

司马懿清楚，司马家族的利益已经和曹丕绑在一起，如果秘不发丧，远在邺城的曹丕会陷入嫌疑的旋涡，引发外界的猜测与质疑。一旦曹丕继承的合法性受到质疑，他执政的根基也将随之不稳，最终可能失去执政的基础。司马懿认为，当务之急是在发丧后，安排护送曹操的灵柩入邺城，快速确立曹丕的继承人地位。

曹操的死讯不胫而走后，在外领兵的曹彰从长安返回洛阳。他径直找到了曹植，说："我奉先王遗命，要立你为嗣君。"

幸好曹植很清醒，他劝曹彰说："我们兄弟不要成为下一个袁氏兄弟。"他指的是袁绍死后，长子袁谭与三子袁尚争位，手足相残。

曹彰还未死心，又带着兵马去找贾逵，索要曹操的玺绶。

　　贾逵断然拒绝："现在嗣君在邺城，先王的玺绶不是君侯你该问的！"曹彰无言以对，不敢再争，只得乖乖去曹操的灵堂守孝。

　　曹操的死讯公开后，不出司马懿预判，洛阳城的两支军队异动，擅自撤出洛阳，企图返回故乡——青州、徐州一带。这两支军队，一支原本是曹操早期收复的青州黄巾军旧部，他们的大部队归顺曹操后，如今还在青州。另一支是臧霸统领的徐州军一部。这两支军队是从原来黄巾军中挑选的青壮男子，战斗力一般。对这两支军队的处理意见，司马懿和贾逵的意见一致，那就是派人安抚部队，沿途各州县为这支部队返乡提供食宿便利，不要节外生枝。

　　贾逵把主要精力放在处理青州军的安抚工作上，曹操的治丧工作则交给了司马懿。司马懿把整个丧礼办得井井有条、得体合礼。司马懿的行事风格就是这样，对于职责之内的事情，定会尽心尽力处理好，让人找不到纰漏。

　　他的兄弟司马孚在邺城也没有闲着。太子曹丕初闻曹操死讯，痛哭不已。大殿里是一片号啕大哭的群臣，司马孚的脑子足够清醒，高声喝止大家，说如今天下震动，我等要做的事情，是及早辅佐嗣君即位，让四海归心，哭哭啼啼解决不了问题。

　　曹丕继承了曹操的政治遗产，顺利成为魏王、汉朝丞相。他把兄弟们赶出洛阳。对曾经的竞争对手曹植，他不仅立即贬谪，而且处死了为曹植充当谋士的丁仪、丁廙兄弟。这段时间，他密集赏罚，根除了不稳定因素。

　　当权力、荣耀和责任猛然压在一个人身上时，常常会令人心中不安。哪怕曹丕经过多年的政治历练，已经不是政治新人，但还是有些手足无措。他觉得这一两年司马懿都跟随自己父亲左右，处理政事很熟悉，因此也需要倾听司马懿对当下局势的看法。

司马懿给曹丕的建议其实只有一个字——稳。先稳定局势再说，对内安抚陈敏，对蜀汉对东吴，也是静观其变。

很显然曹丕采纳了司马懿的建议。一个月后，曹丕下令：河池林苑，包括帝王的园林，不再设禁，听任百姓采樵渔猎；减轻水陆要道之关卡的税收，仅抽"什一之税"。

上面的政策惠及老百姓。在同一个月，曹丕下令对诸侯王将相以下百官进行赏赐，最多的发"粟万斛，帛千匹"，还有大量金银，按品秩不同"各有差等"。

曹丕也没亏待司马懿，让司马懿成为他政治班底的重要成员。

自此，司马懿进入了权力的高层。他被封河津亭侯，转丞相长史，为督军、御史中丞。长史是丞相府最高的属官，相当于秘书长。督军和御史中丞是汉朝朝廷官职，督军负责督察军务，御史中丞是御史台长官，负责监察百官。

曹丕成为魏王、汉朝丞相后，心态进一步发生变化。经过曹操几十年经营，汉室名存实亡，曹丕想赶走傀儡皇帝。

大臣们都知道是在演戏，不过都演得很认真。有的大臣报告出现了祥瑞之兆，有的大臣直接上疏，让汉献帝将汉室天下禅让于魏。

那些劝进表的内容大同小异，不过曹丕看得很享受。他相信联名上疏的人都是真诚的，因此他也真诚对待，每一道上疏都亲自回复。

司马懿作为御史中丞，带着御史台手下上了劝进表。在这篇劝进表里，他以历史上朝代更迭为依据，以汉室桓灵荒淫与曹丕德行做对比，劝曹丕顺应天命，受禅登基。司马懿上劝进表的时间比较晚，可表述的内容逻辑性强。这符合他的性格，不靠冒进抢先机，凭借深思熟虑出主意。

对于司马懿等人的上疏，曹丕的回复是："我的德行虽然不及周武王，我的修为也比不上伯夷和叔齐，但我希望远离偏离道行的行为，树立坚定不移的信念，修养谦虚的德行。"

曹丕强调说，三军可夺帅，匹夫不可夺志，你们不要试图改变我的想法。

曹丕怕被后世诟病，大臣们十余次的上表劝进、汉献帝三次下达禅让诏书，他都拒绝了。虽然他很高兴看到这些劝进表和诏书，但他需要做出谦逊的姿态。直到在许都南郊建了一座"受禅台"后，他才同意受禅。在传国玉玺上，他也专门命人刻下了"此乃汉室禅让"字样。

大汉延康元年（公元 220 年）十月二十九日，汉献帝刘协脱下龙袍，曹丕受禅登基，定国号魏，建都洛阳，改延康元年为黄初元年。

司马懿委曲求全

曹丕在许昌受禅后，心中在琢磨一件大事：迁都洛阳。

他选了一个合适的人负责洛阳重建的工作。这人复姓司马，单名一个芝。他是河内郡温县人，与司马懿同族，论辈分，司马懿该管他叫叔父。

司马芝从阳平郡太守调任为河南尹后，面对被战乱、地震、瘟疫、蝗灾轮番肆虐的洛阳，没有时间犯愁。他在曹操时代就是位能臣，调到首都地区后，扶持贫弱，抑制豪强，不徇私情。这时期，宫里太监想通过他的姑父——名臣董昭，去找司马芝办事。董昭都不敢应承下来。

人是一切社会活动的基础。司马芝给曹丕讲，重建洛阳，其他什么都好办，唯独是迁移人口不好办。曹丕下令从冀州迁十万户到洛阳，遭到群臣反对。

　　侍中辛毗拉上司马懿等人，想要劝谏曹丕，倘若强制推行移民，恐生民变，建议洛阳重建得从长计议。曹丕认为这是下面臣子不作为的推脱之词，全程黑脸。司马懿看看曹丕的脸色，知道多说无益，也就不敢开口。

　　可辛毗不死心，还一个劲儿地说个没完。曹丕怒道："这事，我不想跟你谈了！"说完，站起身就要走。没想到辛毗一把拽住了曹丕的衣袖，曹丕则竭力想挣脱，二人相持不下。司马懿等人都吓傻了，醒悟过来赶紧去劝辛毗松手。

　　曹丕开玩笑道："你把我抓得也太紧了吧？"

　　辛毗回道："怕陛下跑了。移民会失去民心，请陛下收回成命！"

　　看着即将恼怒的曹丕，司马懿很聪明，赶紧劝道："陛下，辛侍中顾虑的是，如今洛阳一带蝗灾严重，存粮有限，一下子来那么多人担心口粮出现问题，看能不能先减半迁之？"曹丕觉得这个说法成立，也就同意了。

　　出来之后，辛毗才反应过来，说，迁五万户也不是小数目，应该一户都不能迁！

　　司马懿只得解释道："您没看出来陛下心意已决？您在陛下面前据理力争，保全了冀州五万户士民免于动荡，我得替他们感激先生您啊！"辛毗不知道这是司马懿说服人的策略，心里挺舒服。

　　重建洛阳是件大事。百官们都觉得，既然皇帝下了决心，那就该做好表率，把时间和精力都放在处理国家大事上，任何娱乐和消遣都是可耻的行为。

可皇帝从来不这么想。天下是他家的天下，群臣都是打工仔，你们好好干活是应该的，就不该要求皇帝和你们一起同甘共苦。曹丕也是这个想法，登基以后，他多了一个打猎的爱好。

刚开始的时候，曹丕邀请几个近臣一起去，想法很淳朴：这段时间你们辛苦了，带你们放松放松。可这帮大臣是死脑筋，并不买账。

一次打猎，随行的大臣有辛毗。不得不说，曹丕这个人多才多艺，诗文、射箭都是样样精通。他的箭术不错，没多久就射中了一只野鸡，高兴地喊："射到野鸡，高兴啊！"

辛毗本来就对曹丕出来打猎不满，认为皇帝玩物丧志，他听闻曹丕的欢呼，幽幽地说："这对陛下而言是乐，对臣下而言是苦。"曹丕很扫兴，下次打猎便不再带辛毗了。

又一次打猎，曹丕叫上了上表反对他打猎的驸马都尉、侍中鲍勋，也叫上了侍中刘晔。

中途休息时，曹丕问鲍勋："射猎之乐，与八音之乐相比，哪个更让人快乐？"

鲍勋不吭声，让曹丕陷于尴尬。刘晔赶紧迎合说："自然是射猎之乐，更让人快乐。"

鲍勋本来想装聋，蒙混过关，见刘晔讨好皇帝，当即忍不住反驳说："音乐上可通神明，下可中和人世的道理，使政治兴隆，达到天下大化，万邦安定的状态。移风易俗，没有比音乐更好的了。况且游猎的行为，在原野中暴露帝王的车盖，损伤万物自然生死之道，迎风冒雨，又有违时间的规律。过去鲁隐公到棠地去观看捕鱼，《春秋》讽刺了他。虽然陛下以游猎为乐，但我认为这样是不对的。"

鲍勋还趁机参了刘晔一本，说他奸邪献媚，只知道拍皇帝马屁，忘了做臣子的本分。曹丕当场翻脸，也不打猎了，拍马回宫。回去就把鲍勋贬出京，调任右中郎将。

这两次打猎，司马懿都在，不过他都保持沉默。他当然清楚，辛毗、鲍勋是忠直之士，只是他们高估了曹丕作为帝王的自制力，天真地以为他能听取意见。司马懿可没有这样幼稚的想法。

黄初四年（公元 223 年），司马懿约陈群一起，推荐鲍勋为宫正，宫正就是御史中丞。这个专管官员纪律的职位很适合他。百官们也敬服这个坚守制度，不因私情而徇私的人。

可惜两年后，曹丕征吴，还是借着一件小事把鲍勋杀了。司马懿也想不明白是鲍勋在曹丕还是太子时，没有徇私放过他爱妾的弟弟种下的恩怨，还是鲍勋在曹丕登基后，直谏惹下的祸根。他不由想到另外一位大臣杨俊。杨俊曾公开支持曹植。

曹丕登基后，杨俊担任南阳郡太守。借着一次在南阳郡下的宛县视察的机会，曹丕以当地经济不繁荣为借口，将杨俊抓了起来。杨俊看得明白，在狱中自杀。

坊间有些皇室的小道消息，说曹丕还在与曹植争夺嗣君时，手头紧，向堂叔曹洪借钱，曹洪没借，曹丕一直心怀不满。黄初七年（公元 226 年），曹丕借曹洪的门客犯法一事，将曹洪打入大牢。要不是卞太后求情，也许曹丕就把曹洪杀了。

司马懿不大相信曹丕真有杀曹洪的心思，不过是借机敲打一干重臣，让他们对皇权心生畏惧。不过他自认为对这位圣上看得清楚，除非曹丕犯伤及国本的错误，他都保持沉默。

留守后方的司马懿

早在曹丕受禅前，东吴军队异动，有夺取襄、樊的军事意图。

上次襄、樊危机引发朝野震荡，曹操一度想要迁都。还是司马懿献策，怂恿孙吴出兵荆州，让关羽首尾不能相顾，解除了襄阳、樊城危机。

这一次，曹丕下令，放弃襄阳、樊城，战线内缩。司马懿表示反对，他陈述了襄阳是水陆交通的冲要，在军事上占据的重要性，直言放弃襄阳，相当于门户洞开。曹丕很不高兴。正如司马懿逐渐想明白的：臣子不能冒犯帝王权威，否则万劫不复。

吴蜀夷陵之战时，侍中刘晔本来建议曹丕联合刘备一起灭了吴国，可惜曹丕满足于孙权纳贡称臣，错失了大好时机。司马懿赞同刘晔的主张，不过他并没有坚持他的看法。他已经看出曹丕算不上英明的君主。在这样的君主面前，他要表现的就是不逾矩、不越权、不触君威，踏踏实实做自己的事情。

曹丕过去一直生活在曹操文治武功的阴影里，他竭力想要在世人面前表现自己。曹操去世四个月后，他就带着军队南巡，没有军事意图，就是带着人马，耀武扬威地跑上一圈。

曹丕跑的这一圈，也并非全无用处，至少彰显了军事力量，引得刘备手下的两处人马来投。一处是西部的氐王杨仆，一处是大将孟达。

曹丕对孟达来投，表现出了极大热情。他封孟达为散骑常侍、建武将军、平阳亭侯，还把上庸、新城、房陵三郡合并为一郡，让孟达做太守。他希望借此昭告天下，凡是来投奔曹魏的人才，曹魏绝对要职位给职位，要待遇给待遇，绝不小气。

对于曹丕的慷慨，曹魏方面的人一直不以为意。侍中刘晔表达了自己的担心，说这孟达的仪仗队被刘备的义子刘封抢夺了，两人的矛盾公开化，孟达无处可去，这才来投奔我们，这样的人，今天能背叛蜀汉，明天也能背叛曹魏。曹丕不听劝。

司马懿也屡次进谏说，孟达这个人说话办事，都受利益驱动，不能给他这么高的职位。曹丕也不理。

司马懿只好作罢。他很清楚有些话说了，并不能让君主回心转意，反倒使君臣关系紧张。

黄初二年（公元 221 年），司马懿受封为尚书右仆射，一年后，司马懿升左仆射。

尚书台是东汉光武帝刘秀设立的总理国家政务的中枢机构。全国政务通归尚书台管理，最后总揽于皇帝。曹魏沿用了这一机构设置，曹魏的一切行政事务、人事管理都出自尚书台。司马懿担任尚书台官员，得以就军国大事向曹丕陈述意见和建议。

黄初三年（公元 222 年）九月，曹丕首次遣军伐吴。借口很简单：夷陵之战击败刘备后，孙权不再向曹丕称臣，曹丕感觉受到了欺骗和背叛。

魏军此时攻击时机选择错误。吴蜀夷陵之战，吴军大获全胜，士气高涨。魏军此番攻吴，困难重重。魏军三路人马，除曹休一路取得小胜外，曹真一路攻打江陵半年之久，久攻不下只得撤军；曹仁一路被吴军击败而返。魏军出师不利，又遇到瘟疫。担心重蹈赤壁之战覆辙，曹丕退兵。

黄初四年（公元 223 年），刘备去世，刘禅即位。诸葛亮修复了和东吴的关系，蜀吴再次结盟。这引发了曹丕的不满，促使他发动了第二次伐吴。

这一次，曹丕亲征。稳定后方，向前方提供粮草保障的任务，曹丕交给了司马懿，令他镇守许昌。司马懿确实没让他失望。吏治民情，打理得清清楚楚；前线的物质保障，也安排得明明白白。

这次伐吴，曹丕无功而返，但他表彰了司马懿出色的后勤保障，晋升司马懿为抚军大将军、假节，领兵五千，加给事中、录尚书事，改封向乡侯。

这是司马懿第一次被授予军职，而且有了和私家军近似的一支五千人军队。比较让他不安的是"录尚书事"这个职务。这个职务具体要做的是，将给皇帝的奏章先过滤一下，分出轻重缓急，确定把重要的奏章让皇帝批阅。当然这些奏章在呈交皇帝前，还需要司马懿先给出意见。如果只是苦累活儿，司马懿不敢辞，可这个职位很多权臣都干过，比如霍光、曹操、诸葛亮。司马懿怕引起不必要的嫉妒，不敢接受。

曹丕安慰他说："朕夜以继日处理国家大事，没有须臾片刻的休息时间。如今册封你不是加以殊荣，而是要你为我分忧。"①司马懿这才感激涕零地接受任命。

黄初五年（公元 224 年），曹丕不顾群臣劝阻，执意决定再次亲征伐吴。劝阻的人中自然没有司马懿。

临行前，曹丕令司马懿留守许昌，还给他下了一道诏书，诏书写道："我很担心后方，所以将镇守后方的任务交给你。曹参虽然战功赫赫，但萧何是第一功臣。希望你防范吴军对襄樊的行动，不要让我有西顾之忧。"②曹丕把司马懿的作用比作汉初的功臣萧何，这是对司马懿才能的高度认可。

在曹丕伐吴期间，司马懿积劳成疾，病倒了。他的妻子张春华来看望他。司马懿娶了三房妾③，早移情别恋，此时宠幸的是一位唤作柏氏的妾。他和张春华分居已久。见张春华前来，他并不高兴，说的话也很伤人，说些"老婆子面目可憎，看见就心烦"之类的话。张春华听了，心中不忿，想要绝食自尽。

她亲生的两个儿子司马师、司马昭看见母亲难过，劝说无效，也跟着绝食。那时司马师 18 岁、司马昭 15 岁，初步显露了才华，很得父亲喜爱。听说这两个儿子跟着绝食，司马懿这才着了慌，向张春华赔礼道歉，出了门来却说："老婆子不值得同情，我是怕我的两个好儿子伤心难过。"④

司马懿对张春华无情，对自己的子孙延续倒是很上心。

长子司马师娶征南将军夏侯尚的女儿为妻，生有五个女儿，一直没有男丁。次子司马昭娶司徒王朗的孙女王元姬为妻，王元姬在嫁过来六年后，为司马懿生了长孙司马炎。

司马炎的出生，让司马懿喜笑颜开。司马懿对长孙寄予厚望，弱冠之后，为其取表字"安世"，暗示着其才可治世、安天下。

应该说，司马懿在后方，忙碌其他政事都是小事，只有一件大事，那就是有意识地做一些尊孔崇儒的事情。

西汉后期，国家倡导儒学。人们普遍认为，要体会天命的微言大义，就必须修习儒学，探讨人事与天命的深奥秘密。从某种意义来说，王莽的新朝能够取代汉室，就是拥有这样的群众基础。

东汉末年，连年战乱，中央和地方的学校教育陷入停顿，儒学不兴。很多人觉得这不重要。饭都吃不饱，想那么长远的事情干什么？

但司马懿不同。在他的授意下，部分地方恢复了学校教育，重兴太学。他还令人收集儒家教义经典，并整理注释，纳入国家太学和地方"小学"的必修课。

从整个历史来看，这个时代需要这么一个人，修复学校教育，让更多人摆脱愚昧；在全国推广儒家礼仪，让全社会形成服膺儒教的风尚，为将来的社会稳定奠定基础。

曹丕回到洛阳后，听说司马懿被繁重的政务累病了，下诏表示褒奖："我在东边，你就（代我）掌管西边的事；我在西边，你就（代我）掌管东边的事。"⑤ 就在君臣关系融洽时，曹丕染上了重病。

早在曹丕初任五官中郎将的时候，他曾召集了一次聚会，请了三十余人，除了请了曹真、曹休、陈群、司马懿等人外，还请了一位大名鼎鼎的相师朱建平。朱建平当时应邀给曹丕看相，说他的寿命是 80 岁，只是 40 岁时会有小灾难，希望他能小心防范。

如今曹丕躺在病榻上，对随侍在跟前的司马懿等人说："我已知道天机。当年朱建平说我有八十寿诞，原来指的是阴、阳相加，是四十昼年，再加四十夜年，如今我算是走到头了！"

司马懿赶紧宽慰他，说人吃五谷杂粮，都会生病，生病会好的，恳请陛下安心养病。

这几年，曹丕找各种借口伐吴，每每无功而返。这让他的心理压力也很大。黄初七年（公元 226 年）五月，曹丕去世前，立曹叡为皇太子，并给他选了四位辅弼大臣：曹真、陈群、曹休和司马懿。

曹真、曹休是曹家宗室。曹真是曹操养子，自幼与曹丕一起生活。此人力大无穷，射猎时曾射杀过老虎。凭借战功，他成为曹魏军队的主帅之一。

和曹真一样，曹休是曹操族子，自小与曹丕生活，被曹操视同己出，跟随曹操四处征战。战斗中有勇有谋，他凭军功，被拜扬州牧，驻兵东南，防范东吴。

和司马懿一样，陈群同样是曹丕政治班底的核心成员。刘备担任豫州刺史时，陈群曾担任别驾。刘备被推为徐州牧时，陈群曾劝他别去。果然如陈群所料，吕布趁刘备不在，攻下他的根据地下邳，又助袁术夺取徐州。吕布为曹操所破后，陈群为曹操所用。曹丕称帝后，陈群以前朝外戚专权太甚、影响皇权，进谏曹丕。曹丕下诏严禁后妃干政。

司马懿当时的声望和资历，都无法与前三位辅政大臣相比。但这也为他更好汲取这些重臣治国理政的观点提供了机会。正是在陈群创建的九品官人法的基础上，司马懿后来对九品中正制进一步完善。

曹丕、曹叡执政时期，中央设立的中正官，由本地有名望的人担任，或由现任的中央官员兼任，他们为各地人才评定等级，分为九品，朝廷依此授官。这项制度继承了两汉乡里评议人物的传统，又将评议权收归中央。

中正官拥有对人才选拔使用的决定权。州里的中正官叫州都，由各州长官推举产生；郡里的中正官称中正，由郡长官推举产生。

中正官评定等级，从出身、品德、才干三个方面考察。这个举措显然依旧对豪门家族有利。

拿曹叡来说，他要想压制豪门，就需要借助太原王氏等别的豪门加上曹氏宗亲牵制其他家族，保持朝政的平衡和稳定。

曹丕立四位辅政大臣时，曹叡已经成年，年满 23 岁。

曹叡的生母是曹丕的原配甄氏，黄初二年（公元 221 年）八月，甄氏失宠，有怨言，被曹丕赐死。自此父子有隔阂。一次曹叡随曹丕外出狩猎，曹丕射杀了母鹿，要曹叡射杀子鹿。曹叡不肯，说："陛下已杀其母，臣不忍复杀其子。"⑥曹丕从此坚定了立他为嫡长子的决心，将他过继给郭皇后为子。

曹叡起初心里藏不住事，对自己亲生母亲不得善终一直愤愤不平。后来他知道了帝王家的手段，学会了隐藏自己的真实情感，对曹丕和郭皇后都毕恭毕敬。这才让曹丕和郭皇后放心让他即位。

曹丕在病榻前，召司马懿等三位辅弼大臣觐见。曹休在扬州防范东吴，没有被召回洛阳。曹丕指着司马懿等三人对曹叡说："如果有人离间你和这三位公卿，不要听信谗言，不要怀疑他们。"司马懿等三人痛哭，表示不负圣恩，辅佐好新君。曹丕黯然离世。

君子报仇，十年不晚。曹叡即位后，追封自己的亲生母亲甄夫人为文昭皇后，处死了郭皇后。司马懿冷静观察着这个新皇帝。曹叡是曹操的第一个孙子，曹操曾对他说："你是我曹家的第三代传人啊！"曹操有了这样的心思，常把他带在身边。因此曹叡已经拥有超出年龄的成熟，早已粗通权谋之道。司马懿每每近距离观察他，都觉得不可思议。

刚刚即位的时候，曹叡曾单独召见侍中刘晔。出来后，群臣问刘晔，这是个怎样的皇帝？知人极深的刘晔并未对新皇的口吃吐露半点，倒是对他的雄才大略肯定了一番。刘晔的评价是："可以比作秦始皇、汉武帝一类的人物，才能稍微有些不及。"

司马懿听到这番评价也不由得一惊，伴君如伴虎，他不由得更加小心翼翼。

注释

① 语出《晋书·宣帝纪》："吾于庶事，以夜继昼，无须臾宁息。此非以为荣，乃分（吾）忧耳。"

② （清）严可均辑：《全上古三代秦汉三国六朝文》卷6，中华书局1958年版。原文如下："吾深以后事为念，故以委卿。曹参虽有战功，而萧何为重，使吾无西顾之忧，不亦可乎！"

③ 司马懿娶有妻妾四人。正妻张春华生司马师、司马昭、司马干；侧室伏氏生司马亮、司马伷、司马京、司马骏；侧室张氏生司马肜；侧室柏氏生司马伦。

④ 语出《晋书·宣穆张皇后传》："老物不足惜，虑困我好儿耳。"

⑤ 语出《晋书·宣帝纪》："吾东，抚军当总西事；吾西，抚军当总东事。"司马懿任抚军大将军，这里是用官职指代人。

⑥《三国志·宣帝纪》注引《魏末传》。

第四章

在渊·平叛·树威

骠骑大将军司马懿

魏明帝曹叡即位时，已经成年，他并不愿意被四位辅政大臣左右。除了留陈群在洛阳协助处理政事外，曹真、曹休和司马懿都被安排到防范吴、蜀的一线战区。

在曹丕时期，魏国的国防体系已经成形。南线和东线合作，防范东吴，西线防蜀，这三处布置了常备军的大部分兵力。北线防鲜卑等北方游牧民族。

曹真被派去西线，都督关、陇军事；司马懿被派去南线，都督荆、豫二州诸军事；曹休在东线，都督扬州诸军事。司马懿与曹休所部互为掎角。

司马懿驻守宛城，他镇守的前线正好位于魏蜀吴三国交界地带。

宛城三面都是高山，北依洛阳门户伏牛山，东靠桐柏山，接壤东吴重镇江夏；西北与长安被秦岭阻隔；向西越过大巴山通往汉中。只有南面一马平川，容易被东吴武装袭击。

曹叡即位三个月后，孙权认为有机可乘，兵分两路进犯魏国。一路由孙权亲自带领，攻打江夏；一路由诸葛瑾、张霸率领，进犯襄阳。

和曹操、曹丕都打过交道的孙权，看不起曹家第三代。他说，曹丕比曹操差远了，曹叡比曹丕更差。

孙权显然这次看走眼了。曹叡得到孙权猛攻江夏的战报后，并不慌乱，他说："东吴擅长水战，不擅攻坚，现在既然已经相持，他们不久自会撤兵。"

其实，曹叡早已猜到孙权的出兵意图，料到东吴会趁魏国新主初立时发兵，因此提早派了素有智谋的治书御史荀禹南下。荀禹打着劳军的幌子，其实是在东吴发兵江夏后，调遣周边郡县步骑千人在江夏附近驻扎，遍插旗帜，大搞疑兵之计，让东吴误以为曹魏大批援兵已到。

果然，吴军久攻江夏不下，二十余天后，只得撤兵。

另一路襄阳之战，司马懿率三万精兵迎战。这是他第一次挂帅亮相。历经这些年的官场观察，他清楚，能否在曹魏政坛拥有话语权，从来都是靠实力，而不是靠威望，而实力来自战功。

司马懿集中优势兵力，包围吴军，诸葛瑾逃走，张霸被斩于马下。吴军军心溃散，司马懿趁势掩杀，斩首吴军千余级。

此番进犯，吴军大败。曹叡龙颜大悦，给一干重臣加官封赏，升钟繇为太傅，华歆为太尉，王朗为司徒，陈群为司空，曹休为大司马，曹真为大将军，司马懿为骠骑大将军。[①]

这是曹魏帝国新的权力核心。根据这些人员的政治排位，太傅钟繇、大司马曹休排前两位，以下依次是大将军曹真、太尉华歆、司徒王朗、司空陈群、骠骑大将军司马懿。

司马懿在这份名单里虽然排名第七位，但骠骑大将军在军中的地位仅次于大将军，意味着他在军中的地位超过了张郃、朱灵等人，成为军中数一数二的重臣。

司马懿总结过，曹操生前杀掉或逼死的重量级人士，从孔融、荀彧到崔琰、杨修、娄圭、毛玠等，都说明一个问题：他们都是文人。而武将之中，从来就没有一个将军被杀。

不管在三国哪个阵营，文人都依附于权力。热闹的时候，他们是锦上添花的点缀，但武人却能雪中送炭，能替君主挡一刀那就能让君主少挨一刀。

况且文人杀了也就杀了，还会有一些御用文人摆事实、讲道理，说杀得好。杀武将要费力得多，君主要顾及他背后的部队是否会反叛。

司马懿跻身曹魏军界高层，意味着他拥有了硬实力。

曹叡对司马懿的能力很认可。没多久，有人向他举荐司马懿的弟弟司马孚。曹叡问，这司马孚的行事风格和司马懿相比如何？

推举人说，兄弟俩很像。

曹叡高兴地说，我有两个司马懿，何愁天下大事不济！不久曹叡任命司马孚为度支尚书，管理国家财政税收。

　　曹叡对司马家族不错，对司马懿也是知人善用。至此，骠骑大将军司马懿驻守宛城，有了自己的办事机构和军队。自他成为辅政大臣起，就有了开府治事的权力，如今有权有军队，更能培植和壮大自己的力量。司马懿的威望，也随着他带兵才能的显现，日渐隆盛。

　　① 大司马、大将军居军中第一等级的高位；骠骑大将军居军中第二等级的高位。

先斩后奏杀孟达

太和元年（公元 227 年），在司马懿的荆州战区，发生了一件影响魏、蜀的大事。新城太守孟达起兵，叛魏投蜀。

孟达，凉州扶风郡人，早年跟随同郡人法正入蜀，投奔刘璋。曹操当年要派兵进攻张鲁，刘璋胆怯，想让刘备帮他守益州，派去迎接刘备的人，就是孟达、法正。这二人就顺势投了刘备。刘备命令孟达留守江陵。蜀地尽归刘备后，孟达担任了宜都太守，负责管理这处连接荆、益二州的军事要地。

建安二十四年（公元 219 年），刘备击败曹操大军，占领汉中后，计划打通汉中到襄阳的巴山谷道，以便进一步出兵房陵、上庸、西城三郡。刘备命令孟达进攻房陵，房陵太守蒯祺被孟达兵所杀[1]。随后，刘备义子刘封接替孟达，平定房陵、上庸、西城三郡。

孟达对此心生不满，选择投降曹魏。出乎意料的是，他在曹魏得到了曹丕的重用。曹丕和他同车出入，给他极高的礼遇。曹丕的用意很简单，无非是借孟达收买人心，希望蜀汉和东吴的边将们被他的诚意所感动，不战而降。

对于曹丕这么重视孟达，一些大臣觉得给的待遇过高，不合适。司马懿把问题想得要复杂一些。他认为这不是待遇厚薄的问题，而是事关安危的问题。守卫边疆重任的大臣不能是迎合投机之徒，而司马懿认为孟达就是这样的人，他先降刘璋，后投刘备，再降曹魏，妥妥的投机分子。于是司马懿屡次上谏，向曹丕表达这一观点。

这也是司马懿一生中少有的屡次上谏。

曹丕的反应是置之不理，你们说你们的，我干我的。他将房陵、上庸、西城三郡合为新城，封孟达为新城太守，让他和征南将军夏侯尚、右将军徐晃一起攻打刘封。

刘封兵败，逃回成都，被刘备赐死。刘备不满刘封有两点，一点是欺凌孟达，以至于孟达降魏，蜀丢失了房陵、上庸、西城三郡；另一点是刘封不救关羽，以至于关羽败走麦城被杀。

自曹丕去世后，孟达失去了曹魏高层的支持，心中不安，他几乎同时和蜀国与吴国联系，希望继续在此立足。诸葛亮给予了积极回应，一边给他写信劝降，一边派间谍向曹魏放出孟达准备降蜀的消息，逼孟达下决心归降。

诸葛亮知道孟达和魏兴太守申仪不和，他派人假意向申仪投降，把孟达打算投蜀的消息密告给申仪。申仪又惊又喜，赶紧将孟达叛魏的消息报告给司马懿。

　　司马懿早在曹丕时期就不喜欢孟达。时隔多年，司马懿再次听到关于孟达即将反魏的消息，心中分外警惕。他的荆州、豫州防区，既防孙吴，也防蜀汉，如果真如消息所说，孟达有叛魏倾向，事必给曹魏带来重大损失。接下来是司马懿展现高超应变能力的时刻。

　　他的第一步是稳住孟达，给他放烟幕弹，为自己接下来的军事准备赢得时间。司马懿派出自己的心腹幕僚梁几，带上自己写给孟达的书信。在信里，司马懿情真意切地回顾了先帝曹丕对孟达的重视，提醒他曹魏对他有大恩，而蜀国对他有切齿之恨。如今谣言满天飞，他司马懿相信这一切都是诸葛亮的离间计，和孟达将军无关，朝廷是不会中计的，请不要担心，云云。

　　孟达对司马懿的态度半信半疑，不过，他并不急于起兵。按照他对处理这类重大事项的理解，司马懿就算要派兵征讨自己，那也要先向曹叡汇报，征得曹叡同意，这一来二去，至少需要一个月时间。而这个时间，他已将城墙加固、粮草备足，司马懿再来攻打可就难了。何况，新城地域纵深，道路艰险，司马懿不一定会亲自率兵前来。倘若只派其他将领来攻，孟达觉得自己的胜算就更大。

　　出乎孟达意料的是，司马懿一面向曹叡上报军情，预先解释自己发兵的理由，一面着手调兵遣将，不等朝廷旨意，先斩后奏，命令部队日夜兼程。从宛城到上庸，一千两百里路，当时虽值隆冬，行路不易，可这支大部分是步卒的部队一天走两天的路，仅用了八天时间就赶到了。

　　孟达没想到司马懿来得这么快，赶紧写信向诸葛亮求救。诸葛亮既厌恶孟达的为人，又觉得有三郡归蜀是大好事，本来处于两难之间，但如今看司马懿大军已到，蜀军已无机会，便只派出了一支人数不多的军队应付。孙吴也派出了一支偏师来支援。不过这两路兵马都被司马懿预先安排的伏兵拦截。

从时间上推导，孟达败亡于太和二年（公元 228 年）正月，此时正值诸葛亮亲率十万大军屯驻汉中，欲大举北伐之际。诸葛亮舍弃东三郡不救孟达，除去私人恩怨，还有一个重要的原因，那就是益州存在荆州集团与东州集团之间的利益之争。

孟达在投降曹魏前，属于东州集团，与李严等关系更近一些，与诸葛亮存在竞争关系。孟达归蜀后，东州集团的政治军事实力势必增强，这是诸葛亮不愿意看到的。

既然蜀汉和东吴救援不力，司马懿正好省下了力气。

上庸城三面环水，易守难攻。司马懿来之前，孟达派人在城外广立木栅，加固城防。司马懿带兵绕过环城河，烧毁木栅，兵临城下，分八个方向向上庸城楼猛攻。

攻城第十六天的时候，城内败象已现。孟达的外甥邓贤、部将李辅开城投降。魏军生擒孟达，司马懿当即将他斩首。首级被送往京城洛阳。曹叡下令将孟达头颅在市中心的十字路口处焚烧，以儆效尤，并奖赏有功将士。

此役司马懿大获全胜，俘获降卒万余人。在解决房陵、上庸、西城三郡被蜀国吞并的潜在危机的同时，他还顺带处理了上庸地区的世家豪族申家。

申家盘踞上庸、西城二郡三十年，张鲁得势时依附张鲁，曹操来了依附曹操，长期在魏、蜀间摇摆不定，甚至自行刻制多方印绶，私自任命此地区的官吏，俨然是这个地区的土皇帝。

申家的代表人物是申耽、申仪。曹操击败张鲁后，占据上庸郡、西城郡的申耽和占据房陵郡的蒯祺归顺曹操。

这里要先说说蒯祺。蒯氏是荆州望族，蒯良、蒯越是蒯祺的同族兄弟，他们是刘表的重要部下，为刘表统治荆州立下汗马功劳。刘表受朝廷委派，单枪匹马赴荆州，完全依靠蒯氏、蔡氏这些士族派系来维持荆州的统治。蒯祺是诸葛亮的姐夫。受刘表派遣，蒯祺成为汉中最东部的房陵太守。

刘表死后，曹操夺取荆州。刘备和孙权联盟，赤壁之战击败曹操，三分荆州。但此后一段时间，这三方势力暂时都无暇顾及房陵地区，因此房陵和上庸、西城郡一样，处于半独立状态。

如前所述，刘备从曹操手里夺取汉中后，蒯祺被孟达的军队所杀。申耽面对刘封和孟达的夹攻，选择投降。刘备任命申耽为上庸太守、申耽弟弟申仪为西城太守。

孟达叛蜀后，申耽不得已，也归顺了曹丕。曹丕知道申耽不是自愿归附，封他一个怀集将军的虚衔，调他去南阳居住。申仪也归顺了曹丕，被封为员乡侯。西城郡改名为魏兴郡后，申仪仍然担任魏兴太守。

申耽、申仪兄弟在上庸、西城郡经营多年，孟达的到来打乱了以前他们一家坐大的局面，他们也多次密报曹魏朝廷，说孟达有叛变倾向，但曹魏朝廷一直置之不理。

司马懿斩杀孟达后，申仪以为自己有功，当司马懿属下的各郡守纷纷送礼朝贺时，他并没有跟风。司马懿找了一个说客，让他劝说申仪去一趟宛城送礼。司马懿以申仪在任期间，私自任命官员为由，将他拿下，押送到京师洛阳，送给皇帝发落。曹叡明白司马懿的用意，像当年朝廷对申耽的态度一样，下诏给了申仪一个楼船将军的虚衔，不再让他回汉中。

司马懿兵不血刃清除了汉中最大的家族势力，让中央势力牢牢掌控了上庸、魏兴两郡。

此后，司马懿在荆州劝课农桑，发展生产，恩威并施之下，这片多次被战火碾过的土地，人心渐渐归附。

治理荆州期间，司马懿担心孟达在新城的势力反叛，强行将其部属及其家属七千多户迁往幽州。司马懿的雷霆手段在蜀地也引起了震动，与新城郡接壤的蜀地将领姚静、郑他率领部下七千余人投降曹魏。

曹叡想听听司马懿对安置这些移民有什么想法，就把司马懿召到了京城。司马懿解释说，过去孟达和蜀地官员对他们太严苛，只要用宽厚和仁德对待他们，让他们安居乐业，自然就能让他们安心待下去。

曹叡认同司马懿的话。君臣接下来还聊到了对吴、蜀的作战方略，聊得更多的是对吴。他们认为三国之中蜀国最弱，而吴国，需要调动东部战区和南部战区的兵力来部署伐吴事宜。

他们没有想到的是，恰是最弱的蜀汉，主动发动了攻击。

注 释

① 一种说法是，蒯祺是诸葛亮的姐夫，蒯祺被杀，诸葛亮不喜孟达。

②《晋书·宣帝纪》："帝以（孟）达言行倾巧，不可任。"

诸葛孔明来了

魏有司马懿，蜀有诸葛亮，都是三国时期杰出的战略家、军事家。

曹丕去世那年，诸葛亮开始筹划北伐。如果按照"隆中对"定下的战略，荆州丢掉之后，两路出兵北伐的条件已经不存在，但是诸葛亮仍然谋划主动出击。在他的谋划中，最稳妥的行军路线是兵出祁山，占据陇右地区，继而拿下凉州、雍州，逐鹿中原。

这样稳扎稳打的方案，并没有得到所有蜀军高级将领的拥护。比如魏延就有自己的奇招，他的计划是亲自带五千精兵、五千辎重兵，从子午谷出奇兵偷袭长安，当然他的计划需要诸葛亮率领大部队配合，从斜谷出兵，两支部队在潼关会合，占据长安以西的大片土地。

诸葛亮一生五次北伐，有两次从祁山进攻。祁山位于秦岭西端，东西绵延五十余里，是扼守汉中和陇西的咽喉。

蜀汉虽然在魏蜀吴三国中的国力最弱，但它拥有山高路险的地理防御优势。因此，在司马懿的统一大计里，并没有把蜀汉放在讨伐对象的首位。司马懿的战略是打算先灭吴，再灭蜀。这与司马懿曾经参与过曹操征伐张鲁的经历有关。

魏蜀两国的边境在秦岭汉中地区。魏军翻越秦岭，进入汉中郡，有三条古道：褒斜道、傥骆道、子午道。道道都是崎岖山路，自古是沿途凿山架木、修建栈道，防御的一方常常可借烧毁栈道，达到"一夫当关，万夫莫开"的效果。

攻蜀的难度太大，因此司马懿侧重先伐吴。

从曹操开始，曹魏就在摸索伐吴的行军路线，曹操、曹丕把先期的进攻点都放在长江中游的江陵，以及合肥以南的濡须口和广陵等地。经验证明，这些地点都不恰当。

在司马懿的作战思路里，江夏郡的治所夏口、东关（武昌），具有重要的战略地位，若想对东吴一剑封喉，那这两处便是东吴的"心喉"之所。

司马懿的具体行军路线是，以陆军佯攻江北的皖城，吸引武昌的吴军主力东下救援。然后派水军精锐沿汉江突袭夏口，直取武昌，吴国便唾手可得。

但蜀汉、东吴联手，打乱了司马懿的统一计划。

蜀建兴六年（公元 228 年）春，诸葛亮遣赵云、邓芝设疑兵吸引曹真的重兵，自己率大军攻祁山。在蜀军的攻势下，陇右地区的南安、天水和安定三郡背叛曹魏，归附蜀汉。

魏明帝曹叡亲率大军阻挡了诸葛亮的军队。随着张郃在街亭打垮马谡，郭淮击破高翔，曹真击退赵云，魏军反败为胜。

同年八月，接到诸葛亮密信的孙权，派遣番阳太守周鲂向曹魏大司马曹休诈降。曹休中计，奏报曹叡。曹叡大喜，命曹休带东部战区十万主力军直扑吴属庐江郡，命豫州刺史贾逵督满宠、胡质等向吴国东关城进军，命司马懿从宛城进攻吴国南郡江陵城。

这样的伐吴战略违背了司马懿的构想，不去攻打夏口、东关（武昌），而是回到了之前攻打皖城、濡须口的老路。

随着曹休军队在吴地推进，更多情况逐渐清晰，在尚书蒋济的劝谏下，曹叡也嗅到了危险，他下令司马懿停止进军，并让贾逵立即与曹休合兵一处。

果然，周鲂诈降，曹休军遭遇伏击，在石亭受到重创，幸得贾逵及时赶到，才将其救出。

尽管曹休的主力部队基本得以逃脱，但不久之后，好大喜功的曹休在惭恨中离世。曹休去世一年后，司马懿晋升为大将军、大都督、假黄钺。

黄钺，是以黄金为装饰的斧，象征帝王出征讨伐。假黄钺，是帝王将黄钺借给大臣，由他代表帝王行使征讨的权力。

夷陵之战后，孙权虽然火烧蜀军连营七百里，但仍保持着清醒，没敢称帝。但石亭之战后，孙权自以为曹魏对自己的绝对优势已消除，便登上了吴国皇帝的宝座。

石亭之战不久，诸葛亮在当年冬天再度进攻魏国。这一次，他出大散关进攻陈仓的行军路线被曹真提前预料到，陈仓城守将郝昭准备充分，诸葛亮围攻陈仓二十多天毫无成效，只得撤军。

关羽去世后，曹魏朝廷曾举行过一次廷议，讨论刘备是否还有能力对东吴用兵。商议达成的共识是，蜀国是小国，名将只有关羽，如今关羽去世，蜀国军力大损，民心忧惧，不会再对外用兵。在这样的思路下，曹魏把重兵调到东线淮南、扬州一带，战略重心在于防吴。

诸葛亮北伐前，曹魏没有将他视为强劲的人物。从诸葛亮在刘备手下担任的职务看，他当过军师，但从来没有单独指挥过一场战役。赤壁之战后，他也没有担任军政要职，只是调配零陵、桂阳、长沙三郡的赋税，补充军队开销。在相当长的时间里，刘备身边的智囊是法正、庞统，而不是诸葛亮。

诸葛亮第一次北伐，蜀军军威甚隆，天水、南安、安定三郡望风投降。这些都让曹魏重新认识到诸葛亮的智谋和统军能力，不敢再轻视他，也对蜀汉的军事实力有了新的评估。

诸葛亮三次北伐，攻占了曹魏的武都、阴平两郡，让曹魏意识到了蜀汉进攻的力量和决心，觉得这比孙吴还具有攻击性。曹休在石亭战败，曹魏也看出伐吴的困难。太和三年（公元229年），曹魏调整了战略重心，从"防蜀攻吴"变为"拒吴战蜀"。

第五章

战蜀·挂帅·对峙

对抗诸葛亮

诸葛亮连续发动三次北伐后，大司马曹真想改变被动挨打的局面。曹魏太和四年（公元 230 年），曹真提议对蜀发动一次大规模进攻，得到魏明帝曹叡支持。魏军兵分三路，进攻蜀汉的战略重地汉中。

一路人马由曹真率领，从北面入子午谷径取南郑；一路人马由大将军司马懿率领，自宛城溯汉水出西城，向南郑进发；一路人马由征西车骑将军张郃率领，由斜谷直逼汉中，攻取南郑。三支人马相约在蜀汉中郡首府南郑会师。

曹魏这次伐蜀，几乎调动了国内一半的军事力量。除了征东将军满宠都督扬州诸军事、防范东吴外，其余名将如郭淮、费曜、夏侯霸等人悉数出动，浩浩荡荡向汉中郡杀去。

汉中郡坐落在关中和巴蜀之间，是两大区域的中间地带。汉中郡对蜀汉政权来说，更为重要。诸葛亮的相府机构，一部分在成都处理国内政务和北伐军后勤供应，一部分就随他常驻汉中办公。为加强汉中防守，蜀军还修筑汉、乐两城。汉城在南郑之西，乐城在南郑之东，互为策应。

就在诸葛亮得到魏军来袭的情报，调兵遣将、严阵以待的时候，魏军三路大军的消息仍不断传来。

在三十多天秋雨的洗刷下，曹真这路行动艰难、粮草难继，走了一个多月还在子午谷，这路的先锋夏侯霸刚走出谷口，就遭到蜀兵阻击，损失惨重。张郃这路自斜谷南下的人马，同样在崎岖的山路寸步难行。

司马懿这路人马不仅行军缓慢，而且没按预先约定的朝南郑方向行军，而是避开了诸葛亮的主力部队，去攻打李严防守的巴东郡新丰县。

司马懿消极的态度，反映了他对此次伐蜀并不看好，可曹真是宗室，又是打败诸葛亮前两次北伐的功臣，他清楚直谏反对这次作战计划的话，会让曹叡、曹真都不舒服，因此反对的态度深藏不露。

伐蜀的前方战事受天气影响受挫，后方朝廷的重臣纷纷上疏，认为天时不利，应该撤军，避免军队非正常伤亡。随着前方失利的消息接踵而至，魏明帝曹叡只得下令三路人马班师。

曹魏太和五年（公元 231 年），诸葛亮第四次率军伐魏。恰在这时，曹真病故。曹魏宗室人才凋零，无奈之下，曹叡只能打破非宗室不可挂帅的惯例，紧急召见司马懿，让他接替曹真，都督雍、凉二州诸军事，带着郭淮、费曜等人抵御蜀军。

魏明帝曹叡的诏书上有这样一句话："西方事重，非君莫可付者。"意思是西线战事很重要，除了你司马懿，没有谁能承担这个重任。司马懿听后很感动，但接下来听到的消息，才知道在帝王之术面前，自己还是太幼稚了。

他听到的第一个消息，是曹叡在考虑让他接手都督雍、凉二州诸军事前，曾在他与陈群之间犹豫过。陈群虽然近年来主要偏向政务，但对军事并不陌生，担任过镇军大将军这样的高级职务。更重要的是，曹叡觉得他的忠心无可怀疑。

就在曹叡举棋不定的时候，碰巧长期都督河北诸军事的吴质最近身体不好，申请去职养病。曹叡封他为侍中，让他回洛阳养病。吴质回到洛阳，曹叡问他对司马懿和陈群的看法。吴质这个人虽然有些毛病，但看人还是比较准确，他和司马懿、陈群都曾是曹丕手下的重要谋士，知根知底。他直接指出了这两人的优缺点。

他说，司马懿是社稷之臣，而陈群是一个从容之士，非国相之才，身处重要岗位却不能身体力行。曹叡听取了吴质的意见，心中的天平这才倒向司马懿。

司马懿听到的第二个消息，是曹叡随即提拔张郃为车骑将军。这个职务之前由曹仁担任，曹仁死后一直空缺。司马懿担任的大将军，相当于现代军队的总司令，车骑将军则相当于副总司令。

一个战区，同时放上总司令和副总司令，既表明曹叡对西线战区确实很重视，同时也表明曹叡并不放心把西线完全交给司马懿。

第三个消息，倒是也说不上好坏。按照曹魏制度，统兵在外的大将，其家眷都在都城充当人质。在司马懿赶往长安上任前，曹叡将他的长子司马师、次子司马昭召为郎官，作为皇帝侍从。

陆续接到的这些消息，并没有在司马懿心中掀起多大的波澜。至少和他同去长安赴任的牛金看不出来。

司马懿这次离开荆州，前往长安，除了带上随行的几个贴身侍卫，只带上了牛金。牛金长期跟随曹仁，在对东吴的作战中，战功卓著，可惜提拔得很慢。

经过观察，司马懿发现牛金是个可造之才，假以时日，必可成为独当一面的大将，因此带上了职务不高、能力很强的牛金。牛金当然乐意前往，自此一直追随司马懿。

车骑将军张郃对于没能成为都督雍、凉二州诸军事的人选，多少有些失落。

张郃，字儁乂，河间郡鄚县（今河北任丘）人。张郃没有世家大族背景，从底层一步步爬到了军界高位。黄巾起义时，他还只是应召入伍的小兵，随着在战斗中表现突出，他的职位逐步提升，后来归顺袁绍，任校尉、中郎将。官渡之战中，张郃投降曹操，后来在远征乌桓、勇破马超、力降张鲁、坐镇汉中等屡建功勋。

和张郃相比，司马懿除了千里袭孟达一役能证明他的军事才能外，其他皆不足道。可是司马懿有世族身份、有家族威望，加上文官身份高武将一头，曹叡提拔他成为魏国军界第一人。

和张郃并称"五子良将"的另外四人，张辽、乐进、于禁和徐晃，同样是出身不高。凭借战功，张辽为前将军，于禁为左将军，乐进、徐晃同为右将军，他们的品级仅仅高于杂号将军，低于朝廷中的"九卿"。

张郃原来也是左将军，只不过活得长、运气好，曹丕登基后一直驻守关中，因破街亭有功，被晋封为车骑将军，品级在"九卿"之上，"三公"之下，这才把其余"良将"比了下去。但要与有家族背景的司马懿相比，他也只能暗自神伤，毕竟他奋斗了大半辈子，他那车骑将军与司马懿的大将军中间还隔着个骠骑大将军的品阶。

对于司马懿来说，接手西北，面对厉害的对手诸葛亮，并不是一件易事。他明白，这次抵抗诸葛亮对自己初掌帅印意义重大，只许成功，不许失败。

这是一场旗鼓相当的战役。从兵力来看，两军人数差不多，从各自阵营的将领来看，战斗值基本持平，蜀军阵营有魏延、王平、高翔、吴班、姜维等将领，魏军阵营有张郃、费曜、戴凌、郭淮等将领。

但两军对各自统帅的服从度并不一致。诸葛亮在蜀军中深受爱戴，一言九鼎。而司马懿还未得到像张郃这样重量级将军的敬服。

司马懿刚到前线，就接到情报，说诸葛亮已率军抵达祁山。他命费曜、戴凌领兵四千据守上邽，自己和张郃同率大军西救祁山。

对这样的兵力分配，张郃表示反对。他凭借自己丰富的对蜀作战经验，认为司马懿应该将全军分为前后两个部分，前军按司马懿所说的，去支援祁山；后军要驻守在扶风郡的雍县、郿县，这两处作为陈仓道和斜谷道的出口，战略位置重要，而且可以和前军互为掎角。

司马懿拒绝了张郃的建议。他的理由是，如果前军能够有足够实力阻挡蜀军，那你张郃说得没错，但若是我们的前军兵力不足，还要硬分成前后军，这就重蹈了当年楚军被英布击败的覆辙。

司马懿这番话里提到了一个历史典故，说的是西汉初立时，刘邦诛杀功臣韩信、彭越，甚至把彭越剁成了肉酱，将肉酱分别赐给诸侯，借此震慑人心。英布一看这接连诛杀大将的阵仗，心怀恐惧，不由得起兵造反。

他首先攻击的是刘邦所封的楚国。韩信被杀后，刘邦最小的弟弟刘交成了楚王。刘交读过几天兵法，自诩有谋略，按兵书上说的将兵马分为三路，便于相互救援。他的手下当即就提出了反对意见，说英布本来就善战，如今他只需要打败我们三路中的一路，另外两路就都溃败了，哪里还会想到互相支援？刘交不听。结果楚军果然被各个击破。

司马懿借助这个典故，想要告诉张郃，如果真如他所建议的，难免不会被诸葛亮各个击破。

后人都说诸葛亮用兵谨慎，其实，司马懿也是一个谨慎的人。曹叡不会放心将雍凉战区的十八万魏军统统交给司马懿。司马懿在排兵布阵上，自然要多想想自己的家底。

蜀军远道而来，所带粮草有限，当时正值小麦成熟季节，诸葛亮留王平进攻祁山，自己带大部队攻打上邽。上邽地处渭水南岸，是著名的产粮区。蜀军抢夺小麦的意图很明显。在诸葛亮大军赶往上邽途中，正好遇见被司马懿派往祁山助战的郭淮。郭淮当即与上邽守将费曜联系，计划前后夹击蜀军。

夹击的结果是，魏军被反噬。蜀军凭借优势兵力和诸葛连弩等先进武器，显然战斗力更强。郭淮、费曜被击败后，只能退守上邽，眼睁睁看着蜀军收割小麦。

等司马懿大军赶往祁山，诸葛亮率主力部队已赶往上邽。等司马懿大军马不停蹄往上邽赶，半途得到情报，蜀军已攻占上邽。司马懿避其锋芒，驻军在上邽东面的险要山地。他笃定蜀军的军粮有限，因此面对蜀军挑战，只按兵不动。

将近一个月时间，诸葛亮求战不得，只得引兵南退。司马懿只率兵远远跟随，一直跟到了卤城。

一路上，张郃、贾诩、魏平等将领一再请战，司马懿皆不许，以至于出现了将帅矛盾，面对将领们的冷嘲热讽，司马懿迫不得已，兵分两路，向蜀军发动进攻。一路由张郃率部攻打祁山之南的蜀军，一路由他带领攻打诸葛亮大营。

祁山之南的蜀军主将，是智勇双全的大将王平。当初马谡失街亭，唯独王平设疑军，让当年张郃不敢进攻。这次两位旧相识相遇，张郃屡次进攻，都没有效果。

司马懿不识诸葛亮布阵的八阵图，指挥铁甲骑兵向蜀军中军冲击，计划将蜀军一分为二，分割包围。没想到诸葛亮令中军后退，两翼向魏军包抄。诸葛连弩的攻击力再次让魏军损失惨重。

蜀军斩获魏军精锐甲兵士卒三千名、获取重型铠甲五千副、远程射击弩箭三千一百张。

司马懿对抗诸葛亮第一回合，败。这也是司马懿军事生涯最惨的一场败仗①。损失大批军器物资，牺牲三千精兵甲士，司马懿紧闭营寨，更不愿出战。

就在司马懿心中苦闷的时候，秦岭山区的雨季来了，蜀军运粮更为困难，诸葛亮因军粮不济，下令退兵。司马懿得到情报，命令张郃赶紧率部去追。

张郃通晓军事，料定诸葛亮会在退军路上设伏。不料司马懿并不听劝，坚持命令张郃率军追击。不想张郃在木门道（今天水市西南）高山上，遇到蜀军埋伏，万箭齐发下，张郃中箭救治无效去世②。

谁都知道，一般中箭部位在咽喉、胸膛等致命部位才会导致死亡。张郃的中箭部位是右膝盖，照理来说并不是致命部位，可一则他的年事已近古稀，二则诸葛亮设计发明的这种弩箭，矢长八寸，被它射中，必然伤口崩裂、血流不止。一代名将重伤不治而亡。

张郃去世后，曹魏朝堂震动。曹叡和群臣们在上朝时连连叹息，悲叹国家柱石的坍塌。不过，曹叡并没有因此责罚司马懿。皇帝很清楚，对抗足智多谋诸葛亮的人选，目前只有司马懿一人了。

注 释

①《晋书·宣帝纪》称这次作战，司马懿追击诸葛亮，"俘斩万计"，但《资治通鉴》采用《汉晋春秋》史料，认为是司马懿遇败，《晋书·宣帝纪》所述多半是为尊者讳。

② 张郃去世，一种说法是司马懿为了铲除异己的手段。不过，这种说法仅限于猜测，并没有史料依据。

司马懿备战

诸葛亮第四次北伐，给司马懿带来了巨大的压力。这是司马懿代替曹真第一次挂帅，也是遭遇的第一次惨败。不过，魏明帝曹叡并没有追究，一是诸葛亮能力太强，二是曹叡已经意识到，除了依赖司马懿，朝中再无人能对抗诸葛亮。

司马懿看出诸葛亮必将再次北伐，对这个强大的对手不敢懈怠。

司马懿的军师杜袭等人，根据这几次蜀军来犯的经验，预判诸葛亮会在明年麦子成熟后发兵。司马懿不认同，他分析说，前几次诸葛亮撤兵，主要是缺粮，如今他必然囤积粮草，据他判断，诸葛亮会用三年时间进行准备。

战争很大程度上依赖于后勤保障。诸葛亮连年北伐，军需物质消耗巨大，没有几年的储备，蜀中难以承担这样的战争。基于这样的判断，司马懿同样需要储备战略物资，首当其冲就是解决粮食问题。

关中地区原为富饶的产粮区，自董卓之乱后，人口损失很大，经济遭到严重破坏。曹操曾在此推广屯田制，效果并不理想。司马懿采取了多项措施，促进了关中地区的备战生产。

第一，确保粮食产量大量增加。

司马懿首先想到了调来充足的劳动力。地是死的，人是活的，种粮的人越多，粮食产量也就越大。

连年战火导致关中地区——八百里秦川，撂荒地增多。司马懿在征得魏明帝曹叡同意后，他在陇右地区招抚流民，将许多河北冀州的农民迁到上邽来从事屯田，扩大产麦区的农业生产。

第二，地是好地，但要兴修水利，以保证粮区土地灌溉。

关中平原土质肥沃，利于耕作，但靠天吃饭的境况明显，这个地区年降雨量较少，一般只有六百毫米左右，且雨量分布极不平衡。司马懿花了一年时间，修筑了两个水利工程，一是扩建成国渠，引汧水自陈仓（今陕西宝鸡东）到槐里；二是兴筑临晋陂，引洛水灌田。

成国渠是始建于汉武帝时期的灌溉工程，到了三国时期，有些水道已经淤塞不通。司马懿不仅命人疏浚水道，还从陈仓到槐里开辟出一条新渠，与成国渠相接，陈仓的汧水通过成国渠灌溉了更多的土地。

两项水利工程，灌溉良田三千余顷。

关陇地区作为魏蜀交兵的主战场，农业的发展是司马懿做好战备的基础。手头有粮，心中不慌。

第三，大量锻造兵器。

战争离不开兵器，精良的兵器能提升士兵的勇气。

司马懿在京兆（今陕西西安市西北）、天水、南安三地兴建官办的冶铁工场，设立掌管冶铁的官员。在准备了充足的原材料后，这些掌管冶铁的官员负责锻造精良兵器和其他军事器械，以保证战争的需要。

有了军粮储备，有了兵器锻造工场，司马懿在欣慰之余，搜集从蜀国得到的情报，他知道，距离诸葛亮再次北伐的日子不远了。

坦然受巾帼

　　不出司马懿所料，曹魏青龙二年（公元 234 年），诸葛亮率十万蜀军再次北伐。几乎同时，孙权也接受诸葛亮的建议，大举向曹魏进攻。

　　魏明帝曹叡命令司马懿坚守，他则带大军迎战东吴。

　　他还派骁骑将军秦朗带着两万兵力支援司马懿，保证司马懿的总体兵力与蜀军相比略占优势。司马懿清楚，皇帝把能调动的机动兵力几乎都交给他，想要得到的是西边战事不出岔子。

　　司马懿亲率主力，扎营渭河南岸。

　　此前他的部下曾建议把部队驻扎在渭水北岸，以渭水为天险。兵法上说："兵半渡而击之。"敌军渡河过半时最虚弱，此时发动攻击常常能收到奇效。但司马懿拒绝了这个提议。他不想还没有经过对抗，就白白把渭南地带让给诸葛亮。他传令深沟高垒、背水扎营，死守渭南。

在预判诸葛亮在渭水附近的扎营之地时，司马懿曾对诸将说，若诸葛亮出武功（今陕西武功县东），直接向东，直扑长安，我们就要当心了；若他在五丈原扎营，诸君可以安心。

诸葛亮扎营五丈原，与魏军大营面对面。五丈原地形险要，地势高，魏军攻打不便，这是诸葛亮常用的稳扎稳打的打法。为了便于长期作战，他甚至在五丈原脚下屯田种粮。

况且，诸葛亮出兵的目的，不是司马懿认为夺取长安，而是攻取陇右，没必要出兵武功。

诸葛亮驻扎五丈原，司马懿和魏军诸将都很高兴，他们认为这下诸葛亮不会再出奇兵，硬碰硬的话，魏军不会占劣势。当然乐观的人群里，不包括郭淮。

不仅是司马懿，郭淮也在预测诸葛亮下一步的行军计划。在五丈原的北边，渭水北岸，有一处叫北原的地方。郭淮担心诸葛亮跨过渭水占据北原，一旦北原的蜀军和五丈原的蜀军大营形成掎角之势，形势就危急了。

司马懿赞同郭淮的判断，令他赶紧率部在北原驻扎。郭淮率部刚在北原扎营，防御工事都还没有建好，蜀军果真蜂拥而至。幸好魏军抢占了先机，一场恶战后，守住了阵地。

数日后，蜀军发生异动。魏军情报人员侦察发现，诸葛亮率军往西围而去。司马懿和郭淮判断这是诸葛亮在声东击西，蜀军要取的是阳遂，而不是西围。郭淮赶紧领命而去。当晚，蜀军夜袭阳遂，但面对有了防备的魏军，并没有占到便宜。

　　开局以来的军事行动，虽然蜀军连连受挫，但司马懿并不敢掉以轻心。

　　渭水有条支流，叫武功水。诸葛亮大营在武功水之西，蜀军有一支人马在武功水之东，防御魏军。这支人马隶属蜀军精锐部队虎步军。转眼天降大雨，冲毁了联系虎步军与诸葛亮大营间的浮桥。

　　司马懿得知情报，紧急派遣一万多骑兵前来攻击这支虎步军。蜀军援军率军前来营救，工程兵也抓紧时间修筑竹桥。诸葛亮见魏军骑兵来势凶猛，派上了发射诸葛弩的弩军，魏军不敢后撤。

　　魏蜀兵马在渭水进入相持状态。此时东吴进攻魏国，遭到挫败。孙权这路人马猛攻合肥没有效果，反倒搭上了他的侄儿孙泰的性命。在魏明帝曹叡赶赴前线前，吴军中疾病流行，孙权下令撤兵。

　　有人建议曹叡不如到魏蜀前线督战，曹叡拒绝。他表示绝对信任司马懿能处理好对蜀作战的事宜。还有一点，他也担心东吴趁机卷土重来。

　　司马懿坚决执行曹叡的战略，坚守不出，等着蜀军的后勤保障出现问题，战争危机自然解除。

　　诸葛亮确实希望与魏军决战，情急之下，他使用了激将法。诸葛亮一直被后世尊为智慧的代表，他是战略家，也是洞察人性的高手。他派人将妇女穿戴的衣服、首饰赠送给司马懿，他的目的当然是激发这位魏军主帅的愤怒。当然，他认为司马懿不会这么沉不住气，他是希望沉不住气的魏军将领们推动司马懿做出冲动的决定。

　　魏军将领们确实被激怒了。他们认为诸葛亮羞辱了魏军主帅，也就是羞辱了魏军将士。他们表达了强烈的出战意愿。司马懿也没能压住他们的怒火，他表示上奏朝廷，让皇上允许他们同蜀军决战。

司马懿的这点儿心思被曹叡看破，他知道司马懿是想借助皇权压服将士们不敢出战，于是他派出了老臣辛毗为大将军军师，手持御赐旄节，不让西线的魏军将领们轻举妄动。

此后，蜀军再来骂阵挑战，侮辱司马懿如妇人般软弱时，司马懿都假装愤怒，要求出战。辛毗就站出来，手持旄节，喝令众人不得抗旨。将士们见他态度坚决，再不敢轻易言战。

司马懿虽固守西线，但也时刻关注着东线东吴来犯的军情。

在得知东吴撤兵的消息后，司马懿觉得可以借这个消息打击蜀军士气，让他们放弃那种曹魏在他们与盟军的联合进攻下正一步步走向毁灭的幻想。

司马懿派出了两千余人搞起了大阵仗。在魏营东南角敲锣打鼓，高声呼喊"万岁"。靠近前线的蜀军将士，只要不耳聋，都能听见这些大呼小叫。

司马懿也故意放出消息，说吴国派人来投降，魏军在欢呼庆祝胜利。

诸葛亮也听说了这个消息，笑称司马懿都60岁的人了，还玩这些只能哄骗小孩子的把戏，吴国不会投降，就算要投降也该去找魏国皇帝，而不是跑来找他司马懿。

在诸葛亮的分析下，司马懿的这招临时起意的计策，并没有对蜀军产生多少影响。

就支持司马懿的力量来说，他的弟弟司马孚对他的助力比较大。在度支尚书这个职位上，司马孚能从政治经济大局上看待诸葛亮北伐问题。

他给曹叡提的建议，简言之，就是要凡事预则立，不预则废。防守的人员要做准备，常年训练步骑兵二万，分为两部，轮流到边境演习。粮食物资储备要做准备，建议从冀州调集农夫五千，以民兵形式在上邽屯田，秋冬训练，春夏屯田。这些建议都被曹叡采纳。

司马懿也写信告诉司马孚渭水前线的战事。在家信里，他分析了诸葛亮必败的原因。他说，诸葛亮志向远大但是时运不济，足智多谋但是少决伐果断，在军中有影响力但是受蜀国国内权力牵扯，如今虽然提兵十万来攻，但早在他的谋划之中，击破蜀军是早晚的事。①

注释

① 语出《晋书·宣帝纪》："（诸葛）亮志大而不见机，多谋而少决，好兵而无权，虽提卒十万，已堕吾画中，破之必矣。"

高情商的司马懿

　　司马懿久闻诸葛亮治军严格，蜀军对关中居民秋毫不犯。他也很好奇诸葛亮是怎么训练兵士的，就派出间谍观察。间谍回来报告，说诸葛亮乘坐着素车，戴着纶巾，手摇白羽扇，指挥三军，诸军随他的号令进退。司马懿暗叹这真是名士气派。

　　司马懿知道诸葛亮不骑马、坐素车是有讲究的。古代办丧事用的车叫素车。在诸葛亮的价值观输出下，北伐的将士以光复汉室作为自己投身沙场的精神追求。他们觉得汉室是被曹家篡位，诸葛亮相当于披麻戴孝，领着他们为汉室复仇。

　　也不知道从什么时候开始，司马懿对诸葛亮产生了一种英雄相惜的感觉。机缘巧合之下，二人也有了私人书信往来。

　　司马懿在给诸葛亮的信里提到了黄权。黄权原本是蜀将，夷陵之战前，他反对刘备亲征东吴。刘备不听。主力溃败后，刘备又把黄权丢在后面。因此黄权投靠曹魏，刘备觉得是自己对不起黄权，便没有伤害他留在益州的家人。

司马懿喜欢拉着黄权闲聊，了解蜀汉情况。他觉得黄权是个人才，曾经问黄权，像你这样的人物，蜀中有多少？黄权也很会聊天，说我在蜀中算不上什么人物，也就是您看重我。

在写给诸葛亮的信里，司马懿提到了黄权，说黄权这个人是豪爽之人，我们在一起谈到您时，他总是从座位上起身，对您赞不绝口。

诸葛亮也有写给司马懿的信。在信里，他谈到了自己在隆中的好友孟建（字公威）。他听说孟建担任了凉州刺史，就请司马懿让军师杜袭转达他对孟公威的问候。

书信往来归书信往来，诸葛亮依旧不断派人到魏营下战书。

令下人吃惊的是，司马懿居然亲自接待使者，东拉西扯中问到了诸葛亮的身体。使者不知有诈，老老实实地回答："丞相做事认真，非常辛苦，责罚二十板子的事都要亲自过问……现在他的胃口不太好，一天只能吃三四升的饭。"在汉代和三国时期，容量单位比较小，一升只相当于现在的五分之一。三四升饭，普通饭碗只有一碗多。

司马懿和使者闲聊，是想借此判断诸葛亮的身体状况。身体是革命的本钱，主帅的身体垮了，离战争的结束也就不远了。

趁着诸葛亮病重，司马懿派出一支奇兵绕到蜀军后方。这次偷袭小有战果，斩杀五百余兵士，获牲口千余口，投降的兵士六百余人。

转眼到了八月，诸葛亮积劳成疾，不幸病逝，终年 54 岁。

诸葛亮死后，蜀军按照他身前的部署，悄然撤军。魏军得到情报去追，蜀军居然摆出决战的阵势，司马懿怀疑诸葛亮用诈死，诱他出兵，不敢再追。

数日后，司马懿来到诸葛大营查看情况，发现蜀军军营丢弃了大量文件、图书、粮食、兵器，走得十分匆忙，这才相信诸葛亮已去世。

军师辛毗还在犹豫，要不要命令全军出击。司马懿说："打仗所倚重的文件、粮食、兵器都弃之不顾，哪有人把五脏六腑都捐出来，而人安然无恙的？赶紧追击。"①

于是司马懿下令全军出动，马不停蹄地追击。不想半路上被蜀军抛下大量的铁蒺藜（俗称扎马钉）拦住道路。这是诸葛亮发明的对付骑兵的武器，随意抛撒，都是三尖撑地，一尖向上，马踩上就负痛倒地，无法前行。

司马懿早见识过这种铁蒺藜，他令两千兵士穿上软材平底的木屐在骑兵前面踏出一条路。木屐踩上铁蒺藜后，便可清除道路。纵然解决了铁蒺藜的麻烦，但魏军终因耽误时间较长，也没能追上蜀军。

蜀军主帅诸葛亮去世，魏军却沉浸在被当地百姓嘲笑的气氛中。

老百姓说："死诸葛走生仲达。"意思是死了的诸葛亮吓走了活着的司马懿（司马懿字仲达）。司马懿对这样的传闻无可奈何，自我解嘲地笑着说："我能料到生，哪能料到死呢！"

蜀军十万之众虽然没有受到损失，但是诸葛亮军事上的副手魏延与丞相府长史杨仪等人矛盾激化，魏延被杨仪手下斩杀。杨仪回到成都后，郁郁不得志，自杀而死。

蜀汉发生内讧。此消彼长，受益的还是曹魏。

 注释

① 语出《晋书·宣帝纪》："军家所重，军书密计、兵马粮谷，今皆弃之，岂有人捐其五脏而可以生乎！宜急追之。"

第六章

开府・权势・智谏

职位明升暗降

皇帝翻脸比翻书还快。

青龙三年（公元 235 年），已经深谙权力之道的曹叡，在入春后的第一件事，就是免去司马懿的大将军职位，改任太尉。

改任的理由比较充分：大将军司马懿击退诸葛亮，为魏国免除了危机，需要论功行赏。

按照常理，大将军的上面一级是大司马，而不是有职无权的太尉。东汉末年，太尉成了一个虚职。

简单回溯一下，曹操将汉献帝迎到许昌，建立许昌朝廷。他以汉献帝的名义，封自己为大将军，封袁绍为太尉。袁绍大怒，认为受到侮辱，坚决不肯接受太尉职务。

曹魏时期，太尉成了荣誉头衔，相当于皇帝的高级顾问。

曹叡将司马懿由大将军改任太尉，实际上是剥夺了他的军权。

　　促使曹叡做出这样的决定的，除了身为帝王本身多疑外，当时的风言风语确实不利于司马懿。

　　太和四年（公元230年），曾经的曹丕的"太子四友"之一，吴质入朝为侍中。曹叡向他询问社稷安定的大计，他提到了人才的重要性。那时司马懿还是骠骑大将军，吴质夸司马懿是"社稷之臣"。这四个字的分量很足，堪比拿诸葛亮对蜀汉的重要性，用以评价司马懿在曹魏的作用。

　　只是吴质对司马懿的评价，一些皇亲贵胄并不认可。

　　曹叡转头就拿这句评价去问尚书令陈矫。陈矫回答说，司马懿是朝廷依赖的重臣没错，但未必称得上"社稷之臣"。也就是说，在陈矫的心中，司马懿对曹魏的忠诚度还不够。曹叡当时的反应是未置可否，但还是做出了让司马懿督雍、凉二州的决定。

　　不久，中书侍郎王基上疏，以汉文帝时期为例，说那时只有同姓诸侯，贾谊尚且居安思危，担心诸侯坐大，影响皇权。王基担心武将拥兵自重，劝魏明帝限制武将，否则将来遇到暗弱的子孙，武将会成为皇室的忧患。

　　曹丕定都洛阳后，开始启动重建洛阳计划。到了青龙年间（公元233—237年），曹叡大兴土木，扩建了洛阳宫，整修了洛阳城。凌云台、嘉福殿、崇华殿等大型宫殿拔地而起。在修凌霄殿时，有匠人发现燕子巢穴中有一双全身艳红的怪鸟。曹叡问以前当过自己的老师、现为侍中的高堂隆，这个情况有何征兆？

　　高堂隆说，宫殿还没有建成，就有他姓居之，这是上天在示警。

　　景初元年（公元237年），高堂隆临死前，向曹叡进谏，再次提到了当年怪鸟的异象,提醒曹叡要严防鹰扬之臣,以免祸起萧墙。

高堂隆没有具体说"鹰扬之臣"到底是谁,但曹魏在青龙、景初年间,有资格称得上权臣的,除了司马懿,没有第二个人。

东阿王曹植同样对司马懿心存警惕。太和五年(公元 231 年),曹植向曹叡上《陈审举表》,其中提到田氏伐齐、三家分晋的历史典故。他警示曹叡,篡夺齐国和晋国王权的人,都是当时国君的权臣。曹植上这道表,本意是想博关注,想让曹叡看到自己的政治能力,自己才是辅佐相才,而不是司马懿这类对王权有威胁的重臣。可大凡政论文都是有破有立,司马懿就是曹植在文章中批判的靶子。

曹叡是无论如何也不会重用自己的亲叔叔曹植的,自己父亲那辈的政治斗争还历历在目,曹植也差点儿成为曹操的政治继承人。但他的话在曹叡看来,有些还是有道理的。一旦多几个人说司马懿的坏话,曹叡对司马懿的怀疑就会增长几分。

奇怪的是,当时的司马懿并未露出不臣之心,也没有威福之举,却得到这些皇亲贵胄的如此评价。唯一能佐证他们观点的,是司马懿有了开府之权,培养了一批依附司马家族的人。

权势是个网

早在曹丕执政时期，司马懿与曹休、曹真、陈群三人一起，就拥有开府资格。

两汉以来，重臣借助开府征辟僚属掾吏，府主与僚属之间形成了一荣俱荣、一损俱损的强依附关系。东汉的门阀观念严重，普通士人要进入仕途难于上青天。这些士人先进入公府，然后通过府主举荐，成为他们踏入仕途的一个渠道。一旦入仕，大都对府主怀有知遇之恩，心存感激。

曹丕不是一个大权独揽的君主，对重臣开府看得比较通透。相比较而言，他的父亲曹操担任丞相后，只有他一人有开府的资格，丞相府又称"霸府"，政令由此出，取代了中央政府职能。

刘备在世时，诸葛亮还没有开府的权力。刘备白帝城托孤，托孤大臣两人，按照刘备遗诏，诸葛亮主要负责政事，李严主要负责军事。后主刘禅嗣位后，诸葛亮拥有了开府治事的权力。在李严得知司马懿也开府治事后，也希望拥有这权力，但被诸葛亮拒绝了。

可见，重臣一旦开府，就会形成个人权势网络，这权力轻易无法获得。

司马懿在抚军大将军任上开府，此后二十余年里，僚属只知道有司马氏，而不知道有国家，这就形成了曹魏政权内的政治集团。一旦曹氏集团内忧外患，司马氏集团就可取而代之。

在这些人中，有从其他官员处挖来的人才，比如州泰；有朝廷大员家庭变故后的子孙，比如郑袤；有司马懿听闻贤名，向皇帝举荐的中下级官员，比如王昶；有在长安卖铁的石苞；有被权贵陷害的孙礼……

先说州泰。司马懿坐镇宛城时期，荆州刺史裴潜经常派州泰前去汇报工作，一来二去，司马懿看上了他的能力，在去攻打孟达前，将他招辟到府中。不可思议的是，州泰担任了向导工作，而且任务完成得很出色。一方面，这说明司马懿知人善用；另一方面，可见州泰处理问题的能力很强。

司马懿也给予州泰超乎寻常的礼遇。由于州泰的父亲、母亲、祖父接连逝世，州泰要守丧九年才能继续他的仕途，而司马懿也足足等了他九年。在州泰归来的第三十六天，他就被任命为新城太守，接替之前孟达担任的职务①。

州泰后来还担任了兖州刺史、征虏将军，都督过江南军事。

再说郑袤。郑家是世家大族，他的曾祖是东汉大司农郑众，父亲是扬州刺史郑泰。可惜他年幼早孤，跟随叔父长大。他早年担任曹植府上的文学掾、济阳太守、大将军从事中郎等职。

广平太守一职出现空缺后，司马懿便推荐郑袤担任该职务。他上任前，司马懿勉励他说："你的叔父在阳平、魏郡任上留有好名声，百姓得到恩惠感化。况且卢毓、王肃相继管理此郡，使该地贤人辈出，有这么好的基础，现在请你去赴任，希望你能做出不错的政绩。"②

郑袤在广平太守任上，把教化放在首位，追求公平公正，百姓爱戴他。后来他被朝廷召为侍中，老百姓舍不得他走，在路旁哭泣相送。

正元二年（公元255年）毌丘俭反叛，司马师亲自下淮南征讨，出洛阳时，百官在城东相送，郑袤因病没有去。司马师对中领军王肃说："临行前，没有见到郑袤，很遗憾。"

司马师知道郑袤和毌丘俭曾一同共事，希望能多了解毌丘俭，做到知己知彼。王肃赶紧将这话告诉了郑袤。郑袤马不停蹄去追赶司马师，很快就追上了。

司马师笑着说："我知道你必然前来。"于是两人同乘一辆马车。司马师问郑袤破敌良策，郑袤答道："过去我和毌丘俭同时担任台郎，因此对他还比较了解。他这个人擅长谋划而不明事理，自在幽州立功后，野心也膨胀了。而他的同谋文钦有勇无谋。如今王师出其不意，江、淮士兵有锐气而不能坚守，我们挖深沟、筑高垒以挫其锐气，好比当年的周亚夫破敌，一定马到成功。"司马师赞同他的话。

西晋建立后，郑袤被拜司空，但他坚决不受，说自己年纪大了，应该把这个职位留给年轻人。老年时，他给子孙谈做官的诀窍时说，好好做事，不要贪图官位，反倒有不错的结果。

在司马懿提拔的这些人中，石苞算是比较特别的一个。青龙年间，他在长安以贩卖铁器为生，偶然与司马懿相识，司马懿欣赏他的才华，推荐他出任中护军司马师的司马。

石苞性格有缺陷，好色且薄行，令司马懿对他有看法。司马师和他接触的时间长，了解他的为人，就替他说好话，说石苞虽然细节有亏，不过做大事者不拘小节。他还将石苞与管仲、陈平相提并论，说石苞算得上优秀人才。

司马懿这才重新审视石苞。石苞担任邺城中郎将后，展现出不畏权势的一面。那个时候曹魏政权的权贵大多居住在邺城，尚书丁谧作为曹爽一派在朝中拥有极大的权力，其他人都对丁谧的行为睁只眼闭只眼，只有石苞敢弹劾他的不法行为，因此得到朝中正直大臣们的赞许。

司马懿拉拢的人才中，还有出身寒门的王基。王基少年丧父，以孝顺叔父闻名，被察举为孝廉。青州刺史王凌推荐他为别驾。朝廷征召王基，王凌舍不得放人，直到司马懿出面，才放王基到朝廷为官。

王基在处理政事方面是把好手，在靠近吴国的安丰担任太守时，将安丰治理得井井有条，加上防备有方，连孙权都不敢提兵来犯。匪夷所思的是，他居然也精通军事，一一击败了忠于曹魏的毋丘俭、诸葛诞。

司马懿刻意拉拢的人才中，也有豪门子弟，比如羊祜。羊家出自春秋时晋国公族，祖先曾留下"羊续悬鱼"的典故，说的是南阳太守羊续，为官清正廉洁，下属送他一条活鱼，他推辞不掉，就将鱼悬挂在客厅，等下属再来送鱼，羊续就给他指之前悬挂的鱼，以示拒贿。

作为这世家大族泰山羊氏的子弟，羊祜的姻亲关系就都是豪门。他的姐姐嫁给了司马师，他的妻子是夏侯霸的女儿。曹爽曾征辟羊祜为官，羊祜敏锐地看到曹爽非司马懿对手，不应召。直到司马昭执政时，羊祜才出仕。

夏侯霸投降蜀国后，其亲属怕受牵连，大都与其家断绝了关系，只有羊祜安慰其家属，体恤其亲人，亲近恩礼，愈于常日。他这一举动，朝廷采用了默许的态度，以显示掌权者的宽容。当然，主要是他的行为赢得了天下士子的认可，认为这是儒家对忠义的弘扬，天下的态度也促使司马懿家族对羊祜进行拉拢和安抚。

更大的因素是，羊祜背后站着的泰山羊氏，是司马家族拉拢的对象。

司马懿在骠骑将军、大将军、太尉、太傅等任上，工作性质的不同，可以招揽新的僚属，也就能吸引更多的人才。比如大将军幕府的高级僚属有大将军长史、校尉、军司马、军前空、从事中郎、军监、大将军史、武库令等。而太尉府的幕僚有长史一人、黄阁主簿数人，共有西、东等十二曹：西曹掾、东曹掾、户曹掾、奏曹掾、法曹掾、尉曹掾、贼曹掾、辞曹掾、决曹掾、兵曹掾、金曹掾、仓曹掾，以及门下、记室等各种令史。

人才从来都是事业发展最重要的资源。司马懿网罗的这些人才能力出众，不少人都成为曹魏重臣，他们一旦为司马氏所用，就会形成强大的助力。

在司马懿构筑的政治网络中，不止这些公府里的属下、门生，还有交游、同僚、姻亲和乡里。以姻亲为例，司马懿的长子司马师一共有三个妻子。

第一任妻子夏侯徽，她的父亲是征南大将军夏侯尚，母亲是大司马曹真之妹。第二任妻子吴氏，是侍中吴质之女。第三任妻子羊徽瑜，父亲是上党太守羊衜，母亲是东汉名士左中郎将蔡邕之女、蔡文姬的姐姐。世家大族的联姻，都无非是让政治网络上的绳结打得更结实一些。

由于司马懿举荐的人才常常担任地方州牧郡守，他的那张权力网络也进一步扩大，从京城到了地方。司马氏父子正是依靠这股力量，在日后被重重打压下，才能绝处逢生。

文臣武将如此，身边私兵也是这样。甚至经过严格考核和训练，才能成为其中一员。

在后来的高平陵政变中，起关键作用的是司马师培养的三千私兵。

按照汉代军事体制，一个壮年人在和平时期的服役期，一般只需要服役一年，一个人通常要服两次兵役。意思是，在和平年代，他只需要在部队待两年。

一个士兵再优秀，如果没有遇到提拔，他也得离开军队。当然，战乱时期例外。士兵如此，中低级的军官也是一样。

深谙父亲网罗人才之道的司马师，同样借助职务之便，在这群退伍军人中优中选优，选出了这三千私兵。这些人将为他们司马家更大的权势而战。

注释

① 见《三国志·邓艾传》注引《世语》："泰频丧考、妣、祖，九年居丧，宣王留缺待之，至三十六日，擢为新城太守。"

② 见《晋书·列传第十四》："贤叔大匠垂称于阳平、魏郡，百姓蒙惠化，且王子雍、鲁子家继踵此郡。使世不乏贤，故复相屈。"

司马懿被唤周公旦

　　蜀汉建兴十三年（公元 235 年），自诸葛亮去世后，蜀汉政局一度陷入混乱。这个时候不是向外征伐的好时机，但马岱偏偏继续北伐，入侵雍州。

　　司马懿经过分析，认为蜀汉的这一军事行动，与其说是继承诸葛亮遗志，不如说想表明自己还有军事实力，不让曹魏小觑。司马懿派部将牛金讨伐，将马岱击退，杀蜀军千余人。

　　这样的小胜利不足以让魏明帝曹叡龙颜大悦。但不久，司马懿又报告了好消息。

　　在诸葛亮第三次北伐时，将曹魏的武都郡、阴平郡纳入了版图。这两个郡远离曹魏政治中心，是诸葛亮当年为了诱郭淮发兵，佯攻这两处郭淮管辖的地盘。没想到郭淮撤退及时，没有上当，这两郡就此归了蜀汉。

武都郡、阴平郡位于汉中郡的西部，居民多为西部羌、氐等少数民族。自诸葛亮死后，这两郡的实力派人物倾向于向曹魏政权靠拢，于是武都氐王苻双、阴平氐王强端领军六千余人投降，司马懿欣然接受。

自从自己的军权被大大限制，心思缜密的司马懿就在琢磨该怎么取悦魏明帝。两个偏远郡的回归算是个好消息，但也还不足以打动曹叡。

机会说来就来了。关东地区饥荒，曹叡让群臣想办法。司马懿调配了雍州的五百万斛粮食送往洛阳。五百万斛不是个小数目，这是十万大军食用十个月的口粮。曹叡高兴地收了这份大礼。他也明白司马懿传达了两个信息：其一，司马懿在表明自己在雍州屯田的成绩显著，西部战区已经有了充足的粮食储备；其二，司马懿在向自己示好，替皇帝分忧，表明自己的忠诚。

青龙四年（公元236年），司马懿打猎时，捕获了一头白鹿。鹿大都是黄棕色，如今出现了白鹿，皇家视为祥瑞。这样的祥瑞之兆，司马懿想都没多想，就让人给曹叡送去。

在曹魏皇室的记忆里，极远之地的越裳氏，在一千年前给辅佐周成王的周公献上一只白雉。周公问，我何德何能，敢接受你们的献礼？越裳氏通过翻译答道："我们国家有德行的老者说，我们风调雨顺三年，海上太平无事三年，大概这是中原出了圣人，要我们前来朝贡。我们就来了。"[1]

一千年前的这个故事，是个饱含诗意的故事。至少比司马懿捕猎白鹿的故事有诗意。

司马懿把白鹿献给皇帝，表示自己不敢私占，祥瑞应该归功于皇帝的圣明。至于这皇帝是否有德行配享此祥瑞，不是他考虑的问题。

很显然，曹叡收到这样的祥瑞物很高兴，因为他正陷于被群臣的劝谏中，烦不胜烦。

自董卓一把大火，将洛阳城烧成废墟后，曹操、曹丕一直对洛阳修修补补。曹丕称帝后，还都于洛阳。当时百废待兴，经济条件还不允许他对宫室全面修筑，汉宫的南区修复也就一直搁置。

到了曹叡这一代，经济储备增强了，他就大兴土木，增调民工四万余人，用于红宫南区的宫室重建。金碧辉煌的殿堂巍峨高耸，玲珑剔透的亭台楼阁随处可见。

曹叡为了彰显皇权，在芳林园的西北角垒起一座土山，命公卿等一众高官都去搬运泥土。他自己也带头亲自干活。

群臣纷纷上谏，企图阻止皇帝的奢靡无度。辅政大臣陈群说，如今吴、蜀未灭，社稷不安，还有这么多讲武劝农的大事要做，如今舍弃这些紧要的事情，去修宫室，我担心百姓困顿，无法迎敌……

司马懿知道，陈群和诸大臣说这么多，皇帝肯定不高兴，但他位居太尉，不得不也跟着上谏，敷衍一下。他的上表很简单：当年周公营建洛邑，萧何造未央宫，现在皇上的宫殿都没建好，是我的责任啊！但是如今自黄河以北，老百姓的日子一直都不好过，各类徭役赋税也不少，在当今紧急形势下，最好还是先缓缓修宫殿吧。②

要不怎么说司马懿会当官，既不得罪皇帝，也不得罪群僚。

而且，一有祥瑞，也想着赶紧献给皇帝。曹叡也看出司马懿这是想表忠心，他也没想到要拒绝这样锦上添花的好事，于是写信给司马懿说："过去周公旦辅佐周成王时，曾献白色山鸡给他。如今您身居太尉，都督西部战区，献来了白鹿，这份忠诚与当年周公如出一辙，看来如此治理国家，一定可以长治久安吧！"③

曹叡虽说已经对司马懿有了猜忌，但并不希望被他看出来，表现得还是一派君臣和睦的祥和，也不吝啬给司马懿戴高帽，称呼他为忠君的周公旦。

注释

① 故事见《韩诗外传》：越裳氏重九译而至，献白雉于周公，曰："道路悠远山川幽深。恐使人之未达也，故重译而来。"周公曰："吾何以见赐也？"译曰："吾受命国之黄发曰：'久矣，天之不迅风疾雨也，海之不波溢也，三年于兹矣。意者中国殆有圣人，盍往朝之。'于是来也。"周公乃敬求其所以来。

② 语出《晋书·宣帝纪》："昔周公营洛邑，萧何造未央，今宫室未备，臣之责也。然自河以北，百姓困穷，外内有役，势不并兴，宜假绝内务，以救时急。"

③ 语出《晋书·宣帝纪》："昔周公旦辅成王，有素雉之贡。今君受陕西之任，有白鹿之献，岂非忠诚协符，千载同契，俾乂邦家，以永厥休邪！"

司马懿开军市

作为都督雍、凉二州诸军事的大将军，司马懿常住长安。虽说他是军中实际上的一号人物，却并不干预地方事务，他担心洛阳皇宫里那双狐疑的眼睛。

简言之，他和长安的地方官员保持良好的军民关系，只是为了推动当地农桑，发展农业经济，做好战争储备，但不干涉、不过问、不插手涉及地方政务的事情。其目的很简单——避嫌。

长安的京兆尹、洛阳的河南尹，和太守一个级别，因为管辖的地方更为显贵，自然和寻常地方的太守不同。现任京兆尹叫颜斐，字文林，在曹丕时代就在天子身边任职，展露出了过人的政务能力，和司马懿是老相识。

司马懿虽然不插手地方事务，但并不代表不关注。他敏锐地察觉到，长安周边的三个郡，京兆郡、冯翊郡和扶风郡，虽说自然条件差别不大，但治理情况是天壤之别，京兆郡最好，另外两个根本不行。

他担心主观直觉不靠谱，专门轻车简从去实地调研一番。他主要去了位于长安东边的冯翊郡、位于长安西边的扶风郡，深入田间地头，入户走访农民。

调研得到的结果是，他前期的判断是对的。

他很想听一听京兆尹颜斐的治理经验，也把冯翊郡和扶风郡的两位太守请到京兆郡，让颜斐给大家做个分享。

颜斐说，京兆郡这个地方大家都知道，老百姓挺苦的，经历的战乱并不比其他地方少。自从大将军推动农桑，我们觉得这是一个机会，就发动下属各县修整田亩，广种桑树、果树。农民生产中缺啥，我们就尽量帮助他们补齐。比如他们缺牛车，我们就想办法帮助他们自造牛车，又鼓励大家发展养殖业，养猪养狗，卖钱换牛。坚持做下来，也就一两年光景，家家都有了牛车，也有了牛。再如兴办学校，最开始农民不愿意送孩子去读书，我们就免除送孩子读书家庭的部分徭役，这样坚持几年，读书的孩子多了，也达到教化百姓的作用……

这几乎是司马懿听地方官员谈施政，感触最深的一次。京兆郡的施政措施很实用，就是推广到别的郡，也能依葫芦画瓢照着做。同行的两位太守也是连连点头，表示很羞愧，自己的郡县也出现了相似的问题，却没有想到解决的办法，这次算是开了眼界，长了见识，回去也在自己的郡县大力推行。

司马懿在一瞬间明白，他和颜斐都具有强者思维，不等不靠，不期待上天或者皇帝来帮助自己解决问题。

事实上，司马懿目前正碰到一道难题。这些年推广军屯，当兵的吃饭不成问题了，但军饷、抚恤，都只能靠伸手向朝廷要。加上雍、凉二州军队的大部分驻地比不上中原和荆、扬二州经济发达，当兵的生活和工作条件艰苦，司马懿想改善这一状况，却找不到合适的办法。

听了颜斐一席话，他觉得可以请颜斐帮忙出出主意，就把颜斐单独留下来深谈。

颜斐思索一番后，给出了建议，既然可以开军屯，那么也可以开军市。

开军市？

颜斐将他所知道的关于军市的知识都一股脑讲了出来。军市始于战国，军队遴选出有信誉的商人，满足军官和士兵购买生活必需品的需要，军队向商人收取租税，用于犒赏战士。战国李牧开军市，赏赐将士们用的就是这笔钱。汉初，魏尚效法李牧，也开军市，收租税。

颜斐的建议提醒了司马懿。博览群书的他想到了《商君书》。里面提到了当时对军市的管理规定，如禁止军市中有女子出现。为了防止偷军粮的行为，军市中也不准卖出粮食。

司马懿是个谨慎的人，他的初步思路是先来一个小的军市做试验，通过在实践中检验得失，再在大的范围推广。

也就在这个时期，曹叡听说司马懿在长安设立了军市。通过解释才知道，是在驻军之地设立交易市场，用以购置或调剂军需物资。

他倒不是很关心这个"军市"，只是听闻在交易过程中，出现了士卒强买强卖的情况，司马懿责罚了相关人员。

具体情况大致是，京兆太守颜斐将士卒欺负老百姓的情况，上报了司马懿。司马懿大怒，将主管军市的官员军市侯召来，在颜斐面前杖打一百。经历过一番军纪整改后，当兵的收敛多了，军民关系步入了和谐发展的轨道。

这消息也不排除是司马懿故意放出来，通过自黑的方式，让曹叡认为司马懿的治军水平也就一般，并没有传说中吹得那么高。

第七章

辽东·奉诏·制变

辽东有战事

作为后来被西晋大臣认为"大晋之兴"的三大战役之一，司马懿平定辽东地区被认定是首场大捷，也是司马懿展示赫赫战功，完成司马氏统一大业的重要战役。本来司马懿已经被魏明帝曹叡变相夺走了军权，但公孙渊在辽东叛乱，导致他不得不再次起用司马懿。

辽东政权的创始人公孙度出身寒门，靠关系当上了辽东太守。辽东的世家大族看不起他，他居然采用血腥手段诛灭了豪族一百多家，巩固了自己的地位。

建安十二年（公元 207 年），曹操亲征乌桓。辽东公孙康杀了向他求助的袁绍儿子袁尚、袁熙和辽东单于速仆丸，将他们的头颅献给曹操，表示臣服。曹操准其自署掾吏，子弟相袭。曹魏也不征调辽东地区的赋税和兵丁，公孙氏政权拥有极大的自治权。

　　黄初二年（公元221年），公孙康去世。他的两个儿子公孙晃、公孙渊都还年幼，众将推举公孙康的弟弟公孙恭为辽东太守。魏文帝曹丕承认了公孙恭的继承地位。

　　七年后，公孙渊长大成人，发动政变，将叔父公孙恭软禁，夺取了辽东之主的权力。他随后给魏明帝曹叡上表，要求曹魏政权承认他的合法地位。虽然此时有大臣建议曹叡借此机会平定辽东，但曹叡不想再与蜀汉、东吴发生军事冲突的同时，又与辽东大动兵戈。他选择了安抚公孙渊。

　　公孙渊得意扬扬地掌权后，但并不满足于一直奉曹魏为宗主国，他企图联合孙吴摆脱曹魏，走上实现独立的道路。孙权也有所图，他希望联合辽东，实现对曹魏的南北夹击、战略包围。双方一拍即合，辽东与东吴的特使往来频繁。

　　孙权的想法很实在，就算辽东不愿出兵曹魏，双方搞好关系，也可以向辽东购买优良战马。

　　三国时期，有两个地区出产良马，一个是辽东，一个是雍州和凉州。

　　诸葛亮伐魏，首先进攻凉州，意图之一就是为了得到该地的良种马匹，建设自己的骑兵。受同样的条件限制，吴国军队防守有余，进攻不足，一个重要的因素就是没有强大的骑兵。孙权想要改善这一局面，招降辽东看起来是一招好棋。

　　太和六年（公元232年），孙权派出特使到辽东招降公孙渊，公孙渊向孙权上了称臣的表文。孙权很高兴，封公孙渊为燕王，派出万人的军队，带上大批金银财宝，将王位和九锡授予公孙渊。令孙权万万没想到的是，公孙渊派出军队，偷袭了东吴军队，斩杀东吴特使，抢夺财物，将孙权赐予的九锡等献给曹魏朝廷，表明自己绝无二心。

曹叡并不相信公孙渊的花言巧语，但出于安抚的目的，他还是拜公孙渊为大司马，封乐浪公，仍为辽东太守。政治人物就是这样，仅靠朝廷公布的消息，绝对看不出皇帝的好恶。

给公孙渊的大司马职位，之前在魏国也不是没有，但只有曹仁、曹休、曹真这些宗室人物。封为某公这样的爵位，那就更罕见了，汉末只有异姓曹操被封为魏公。可见曹叡为恶心孙权，确实下了血本——原本想投靠你的人，迷途知返，我也照样重重有赏。

公孙渊的背信弃义让孙权怒不可遏，差点儿准备亲征去讨伐他。

曹魏这边准备继续执行安抚政策，派出特使给他加官晋爵。公孙渊的所作所为再次证明他已经疯了，他得到情报，侦得魏使都是猛士，认为这是曹魏在恐吓他，就派兵包围了使臣驻地，对使臣出言不逊。

曹叡听闻使臣的汇报，震怒。景初元年（公元 237 年），曹叡令度辽将军、幽州刺史毌丘俭率兵讨伐公孙渊。毌丘俭轻敌，加上天降大雨，与公孙渊交战不利，败走。

公孙渊获胜后，得意忘形，自立为燕王，改年号为"绍汉"。这个年号在曹魏那里很刺耳，因为"绍汉"意味着公孙渊要继承汉朝。

公孙渊公然反叛，触犯了曹叡的底线，经过慎重思考，他有意让司马懿率军平息辽东叛乱。

临战前还乡

景初二年（公元 238 年），一个感觉在洛阳朝堂久不露面的人又出现了。

司马懿奉召从长安赶到洛阳，魏明帝曹叡单独召见了他。时刻关注辽东战事的司马懿知道曹叡所为何事，胸有成竹地跨进大殿。

果然，曹叡寒暄两句，就把话锋转到了辽东战事上面，给司马懿讲了最新动态。曹叡问："太尉估计我军出征，公孙渊会如何应对？"

司马懿不敢表现得太精明，故作思索一番，才回答说："依臣愚见，公孙渊若弃城而逃，保全性命，这是上策；若他以辽水为天堑，据险而守，是中策；若他死守辽东首府襄平，不过是坐以待毙，此为下策。"

曹叡追问："太尉觉得，公孙渊会采用何策？"

司马懿答道："公孙渊不是对局势有清晰认识的人，他不会主动放弃襄平，定会选择与我军顽抗。他会先采用中策，借助抵抗毌丘俭的经验，据守辽河。辽河被我军突破，他会固守襄平。"

曹叡一下子就明白了，司马懿已经对辽东战事有了认真考量，他心中已有安排，又问："太尉估计若对辽东开战，需要多长时日？"司马懿说："去要一百天，返程一百天，攻城一百天，六十天军队休整，这样算起来，一年时间足够了。"

曹叡点头。辽东地处偏远，长途作战，时间长了，是沉重的负担，需要把预算控制在可控范围。他调集给司马懿四万步骑，还令驻军幽州的毌丘俭听从司马懿指挥。加上归顺曹魏的鲜卑部队、高丽部队，这样七七八八算下来，征讨辽东的魏军兵力达到六万人。

在御前会议上，有人借当年曹操北征乌桓，只率五千精骑就取得了大胜的故事，说兵不贵多而贵精，几万人马长途远征负担太重。

司马懿解释说，公孙家族扎根辽东几十年，实力非乌桓可比。此去辽东有四千里之遥，从兵法而言，已无出奇制胜的可能，只能凭借军队实力。

曹叡赞同司马懿的话。

司马懿出兵前，散骑常侍何曾上表曹叡，提醒他要给司马懿设立监军和副将。这是曹魏的惯例，不一定是何曾对司马懿有所怀疑。出乎朝臣意料的是，曹叡否定了这个提议。

这是一位自信的君主，相信自己的御下能力。经过和司马懿的庙堂对话，他认可司马懿的战略部署。自曹操以来，在军中设立监军或副将，无非起到提醒和监督的作用，这对司马懿的此次征辽，完全用不上。反倒不如将前方战事的决策权全部交给司马懿，表明君主对他的绝对信任。

况且，按照曹魏政权的惯例，出征将帅的一家老小和宗族子弟都留在城中，名义上是照顾，实际上是留为人质。有了这层保障，任何一个正常的将帅都会安分守己。

司马懿大军出发那天，魏明帝曹叡带众大臣为他送行，祝他马到成功。曹叡送到西明门后返回，令司马懿的弟弟司马孚、大儿子司马师将司马懿送过温县。

司马懿到达温县后，令牛金、胡遵等人督率大军继续前进，自己在司马孚、司马师的陪同下住进了温县城内的司马氏府邸。

司马懿的故乡温县即将迎来载歌载舞的几天。皇帝特意下诏，让司马懿去见父老故旧，并赐以谷帛牛酒，让郡、县地方官前去庆祝。

这其实是曹叡拉拢重臣的手段，这是位深谙人性的君王。当年项羽攻占咸阳后，有人劝他定都，可因为思念家乡，项羽急于东归，说："富贵不归故乡，好比穿着漂亮衣服走夜路，谁看得到呢！"大多数人富贵了，就是要让乡里乡亲看看，享受成功的喜悦。

司马懿不敢拂天子的美意，在家乡大摆宴席，遍邀地方官员和家乡父老。受到邀请的人很多，司马府没办法摆下，于是选在了附近一个叫虢公台的地方。

虢公台位于温县孝敬里西北方，是一处靠近济水的高台，传说为东周大臣虢仲率诸侯国军队进攻晋国时，在此誓师所建。

为了这次宴会，司马懿特意留下军中的鼓乐队为大家助兴。

军中的鼓乐一响，自然是激昂壮阔之声，让人仿佛身临战场，顿感热血沸腾。

鼓手边敲击边呐喊，震天动地。且歌且酒，司马懿内心感慨。此番回到阔别三十年的故乡，当初离开时还是翩翩青年，归来时已两鬓苍苍。情深之处，司马懿赋诗一首：

> 天地开辟，日月重光。
>
> 遭遇际会，毕力遐方。
>
> 将扫群秽，还过故乡。
>
> 肃清万里，总齐八荒。
>
> 告成归老，待罪舞阳。

这首司马懿唯一流传下来的诗作，比起刘邦回乡时写的《大风歌》，差了很多意思。当然一个主要原因是两人身份不同，一个是君王，一个是遭皇帝有所防备的重臣。纵然这首诗前面诗句的气势都还宏达，但到了结尾，估计是想到什么了，司马懿谦卑地表示：如果这次讨伐辽东还算顺利，那我就回到自己的封地舞阳，听候皇帝接下来的安排。

雷霆手段平辽东

面对来势汹汹的魏军，公孙渊智商下线，他居然想到去东吴求援，完全忘记了六年前对东吴杀使劫财的恶行。

孙权自然没忘，一看到公孙渊派来的使者，就想杀了泄恨。一些理智的大臣劝道，杀使者只是出了一口恶气，对国家霸业并没有好处，不如派一支奇兵前去，若魏军败，则陈兵助威；若两军相持，吴军则趁机进攻辽东，一雪当年耻辱。

曹叡其实也担心东吴派兵救援公孙渊。护军将军蒋济说不怕，孙权派兵救援是假，趁火打劫是真。

经过这样一番分析，曹魏君臣也就没有继续向辽东增兵。

景初二年（公元 238 年）六月，司马懿率兵来到辽水。公孙渊的部队按照当年击败田丘俭的经验，在辽水边加固工事，修战壕二十余里。司马懿并不打算强攻，他命小股部队多举旗帜，冒充主力佯攻战壕，自己带领大部队隐蔽渡过辽水，并迅速沿着辽水构筑简易城防工事。还没等旁边军事重镇辽隧的守军反应过来，司马懿又带着大军朝公孙渊的老巢襄平杀去。

辽隧的守军不敢不救，主力部队倾巢而出。没想到这正中了司马懿的圈套。魏军伏兵早已做好准备，司马懿的计策就是要将这部分精锐引出来，在运动战中将他们消灭掉。辽隧守军主力几乎被全歼，只有残部逃回襄平。

辽隧是襄平的门户。辽隧守军的主力被歼灭，距离襄平城破时日无多。

魏军刚抵达襄平，辽东的雨季就来了。

七月，辽东大雨如注。魏军泡在泥泞之中，苦不堪言。将士们纷纷要求将营寨迁往高处，司马懿不听，严令不许，还将私自转移营帐的都督令史张静处斩，全军凛然。

魏军在大雨中仍无退兵迹象，襄平城内军民内心焦灼。城中粮食将尽，士兵和百姓以野果、树皮为食，已经多日不见烟火，有胆大的打开城门，到周围打柴伐薪，放牧牛羊。

有将士向司马懿报告，请求攻击出城的军民，至少把他们赶进城去。司马懿不仅没有答应，反而下令将营寨后退二十里。

军司马陈珪对司马懿此次作战的打法，与上次千里突袭孟达的打法不同感到不解。司马懿解释说，上次攻打孟达，我们兵力四倍于他，但所带粮草不足一月，必须速战速决。现在我们兵力没有优势，不过粮草充足，带够了三百天的粮草，后勤有保障。不怕敌人来攻，只担心他们弃城而逃，那时围困他们的难度更大。

　　陈珪又问：我军围困襄平城，为的是敌军粮尽而降。将士们要求移营，太尉不许，为此杀了张静。如今襄平军民到城外打柴采食，太尉要求拔寨后退，任其所为，这样前后矛盾的决策着实让人费解。

　　司马懿耐心地向陈珪解释：如果对打柴采食者赶尽杀绝，必定激怒城里的军民，引发他们死战守城的斗志。现在给他们以小利，就会瓦解他们拼死作战的情绪，有利于以后的攻城。

　　陈珪听了，心悦诚服。

　　只是襄平城内的兵士和百姓，可遭罪了！早在雨季初临，襄平城内存粮将尽。后来为了果腹，先是刚去世的死人被从坟堆里挖出来，后来活人走在路上都不安全。

　　坊间传说，公孙渊家出现了各种近乎令人恐惧的灾异。有理由推测，这是魏国的间谍奉命在城内搞心理战：公孙渊家一条狗穿戴着帽子、头巾、红衣服，爬上房屋……公孙渊家有一个小孩被发现莫名其妙蒸死在甑子里……襄平城北面集市出现一块肉团，周长各有数尺，有头，有眼睛，有嘴巴，没有手脚却会摇动。占卜的人说："有人形却不成人，有身体却没有声音，这是一个国家将要灭亡的征兆。"①

　　总之，人心惶惶。

　　八月，天终于放晴。这时，屡受公孙氏欺侮的高句丽、鲜卑等也派兵前来协同作战。魏军对襄平实现合围。公孙渊惊恐看见，城外四周垒起了土丘，搭起了望楼，手持弓箭的魏军士兵平视着城楼上的自己。这还没完，城墙下传来魏军工兵挖地道的声响，城楼上空也不时落下巨石，城门也被冲车猛烈地撞击着。此时，城中粮食将尽，辽军士气低落，不时有辽军将领偷偷出城投降。

八月中秋，一颗陨石穿空而过，公孙渊自知不是吉兆。

公孙渊想到的最后一招是缓兵之计。他让自己的相国王建、御史大夫柳甫出城，请司马懿退兵，然后他自己会向司马懿负荆请罪。司马懿哪里会上当，当即令人将王建、柳甫斩首。

公孙渊再派侍中卫演向司马懿议和，要送自己儿子做人质，只希望保自己不死，辽东军的建制不撤销。

司马懿见了卫演说："军事无非就讲五件事情，能战当战，不能战当守，不能守当走，其余两件事，只有降与死可供选择。既然公孙渊不肯投降，当然无须送子为质，只有死路一条。"

数日后，魏军攻破襄平。公孙渊父子带着数百骑兵突围。司马懿亲自带兵去追，在辽水支流梁水附近，将其追上。公孙渊父子均被斩首。行刑处正好是八月十五日陨石坠落处。

司马懿进入襄平，下令屠城。除了妇女和未满15岁的童子，城内的成年男子均被屠杀。司马懿令人将万余人的尸体筑成一个高大的坟墓，取名为"京观"。

司马懿在襄平大开杀戒，曹叡在洛阳也杀了公孙渊的哥哥公孙晃。公孙晃一直以人质的身份被扣留在洛阳。在公孙渊尚未公开反叛前，公孙晃出于自保，多次上疏说公孙渊会造反，请朝廷出兵讨伐。

公孙渊败亡后，按律诛灭三族，公孙晃亦当斩。曹叡想起公孙晃之前多次上疏，不忍将其斩于市，他派遣使者带上金屑让公孙晃及其妻子、儿子饮下自杀，之后赐他们棺衣殓葬。

除了杀戮，司马懿对公孙家族的反对派进行了安抚。他释放了被关押的公孙恭，就是那个被公孙渊篡位的亲叔叔，也表彰了纶直、贾范等人的后代。纶直、贾范等人在公孙渊反叛时直谏，被公孙渊杀害。司马懿想得明白，他们早晚要回中原，治理辽东的还得是辽东人②。他得靠这恩威并施的手段，让辽东六郡彻底服从曹魏政权。

天气已经转凉，大军临行前，曹叡就赏赐了大批新的绵袄。司马懿却没有把它们分发下去，哪怕眼睁睁看着身穿单衣的士卒在路旁冻死。

司马懿这么做，直接原因是向曹叡表忠心，他给手下说，绵袄是皇帝赏赐的东西，作为臣子，没有权力私自把它们分发下去。深层原因是，司马懿希望让曹叡知道，自己没有笼络将士的野心，尽量减少曹叡对自己的防备。

但另一方面，在老兵们的眼中，司马懿大人很有人情味儿。常年战争，让本来只用服兵役两三年的士兵无限期留在了军队。司马懿奏请皇帝，让年满六十以上的军人复原，这样有千余人回到家中。

辽东六郡列入曹魏版图。兵行蓟县，曹叡遣使表彰司马懿大功，加封昆阳县。这样，在一众公侯中，他是唯一拥有两处封地的异姓侯。

司马懿的种种小心，换来了曹叡的信任。数月后，曹叡走到了生命终点，他将司马懿立为辅政大臣。

注释

① 见《搜神记》:"魏司马太傅懿平公孙渊,斩渊父子。先时,渊家数有怪:一犬着冠帻,绛衣,上屋。炊有一儿,蒸死甑中。襄平北市,生肉,长围各数尺,有头、目、口、喙,无手、足,而动摇。占者曰:'有形不成,有体无声,其国灭亡。'"

② 见《晋书·宣帝纪》:"古之伐国,诛其鲸鲵而已,诸为(公孙)文懿所诖误者,皆原之。中国人欲还旧乡,恣听之。"

第八章

权力·南征·待变

曹叡临终托孤

　　曹叡在 35 岁那年撒手人寰。在这样的年纪去世，后人都怀疑是他纵欲过度所致。在即位后，他广纳姬妾，将皇后之下的后宫嫔妃共设十二个等级。

　　曹叡的后宫虽然人数众多，可偏偏子嗣不旺。他先后有过三个儿子，但皇子们接连早夭。无奈之下，曹叡秘密收养了两个养子，年长的孩子叫曹询，年幼的孩子叫曹芳，同时封王。经过再三思量，曹叡决定立 8 岁的曹芳为太子。

　　年幼的君主，不能担负管理国家的重任，曹叡想到了给曹芳安排辅政大臣。

　　在最初的辅政大臣名单里，没有司马懿的影子。在这份五人名单里，前四人是曹氏宗亲——燕王曹宇、领军将军夏侯献、武卫将军曹爽、屯骑校尉曹肇，另一人是曹叡信任的骁骑将军秦朗。

曹宇这四人曹氏宗亲，历来默默无闻，能当上辅政大臣，主要靠和曹叡的关系比较近。曹叡当然知道，这些人作为辅政大臣不如司马懿，但他们好歹是曹氏族人，曹魏皇室的权力要握在自己人的手里才更安心。辅政大臣成了陪伴大臣，这也是无可奈何的事情。

燕王曹宇，是曹操与环夫人之子，邓哀王曹冲同母兄弟。魏明帝曹叡年少时，喜欢跟在曹宇屁股后面玩。等到曹叡即位后，曹宇颇受宠幸。曹叡选曹宇为辅政大臣的理由只有一个，关系好。

夏侯献，是曹操宗族中人，在军中担任中领军、领军将军。曾与夏侯玄领兵伐蜀，进汉中，被蜀汉大将王平击败。他上辅政大臣的榜单有两个理由，其一，关系亲近；其二，有军方背景。

曹爽，大司马曹真长子。曹爽体态肥胖，自少以宗室身份出入宫廷，谨慎持重。他后来单纯靠运气好，没有被从辅政大臣名单里撤下来。

曹肇，大司马曹休之子。容貌俊美，有文学和才艺细胞，深得曹叡宠爱。曹叡和曹肇都喜欢设赌局，而赌注是二人的衣服。有一次，曹肇赌赢了，他习惯性地闯入曹叡的卧室，穿上皇帝的衣服就大摇大摆直接出宫。选曹肇为辅政大臣的理由只有一个：关系亲近。

秦朗，生父是吕布部将秦宜禄，生母是杜夫人。吕布割据徐州期间，为结好袁术，派秦宜禄出使淮南，将杜夫人和秦朗留在下邳。不承想袁术将秦宜禄留了下来，还让他迎娶汉朝宗室女子为妻。

建安三年（公元 198 年），曹操、刘备合围下邳时，关羽曾向曹操请求，破城后允许他纳杜夫人为妻，曹操同意。关羽怕曹操失信，又提了两次。曹操也就多了一个心思，他想看看一个让关羽都动心的妇人长得啥样。攻克下邳后，曹操见杜夫人貌美，便自纳为妾。

秦朗随母住在曹府。曹操很喜欢这个养子，常常在群宴宾客时，对客人们说："世上还有人爱养子，像我这样的吗？"秦朗有一定的军事才能，曹叡时期，官拜骁骑将军。

这份辅政大臣名单仅仅公布四日后，曹叡又否定了自己当初的想法，解散了原先的辅政班子。

促使曹叡改变决定的，是他身边的两个近臣，一个是刘放，另一个是孙资。

刘放是西汉广阳顷王刘建之后。东汉末年，妥妥的乱世，刘放依附割据渔阳的王松。曹操大败袁绍后，刘放劝王松向曹操投诚，还帮他写了一份文辞华丽的书信。

正是这封书信让曹操欣赏刘放的文采，让他担任参司空军事，后历任主簿记室，出任合阳、祤、赞县的县令。

刘放善于起草各类文书，曹操、曹丕、曹叡时期的诏书命令中，凡是有关诏谕内容的，多数出自刘放之手。

孙资的早年经历更悲惨一些。他 3 岁时父母双亡，由兄嫂抚养成人。曹操任司空时，本想征辟孙资为官，恰巧孙资的兄长为人所害，他刺杀仇人后携家眷避居他乡，不能赴任。后来，孙资在友人贾逵的劝说下出仕，历任功曹、县令、参丞相军事。

曹丕称帝后，以刘放为中书监、孙资为中书令，各加给事中，他们二人同被封侯，都负责掌管机要。

曹叡在位十余年间，这二人掌管中枢，处理日常政务、出师用兵等大小事。曹叡常听从这二人意见，处理国家大事。这两人并不在辅政大臣名单里，内心失落。

在刘放、孙资眼中，这五位辅政大臣不仅不如司马懿，甚至不如自己。这两人久居中枢，明白权力是此消彼长的，要保护好自己的权力，就得寻求同盟军。

他俩商议的结果，秦朗等人嫉妒他们久获专宠，上台后不会给他俩好果子吃。他俩的依据就是，夏侯献、曹肇曾指着宫殿院内一棵专门供公鸡啼鸣的树说："公鸡占这棵树时间太长了，看它还能占上多久！"

刘放、孙资决定和关系好的司马懿结为政治同盟，千方百计不让这些人成为辅政大臣。

因曹叡病重，曹宇等辅政大臣轮流在病榻旁值班，刘放、孙资本来没有机会近身。到了十二月二十七日这天，曹叡病情进一步加重，当值的曹宇出去找夏侯献、曹肇等人，殿内只留下曹爽一人。刘放、孙资乘机进殿，说先帝（曹丕）有旨意，藩王不得辅政。曹叡提出让曹爽代替曹宇，两人表示同意，又推荐了司马懿辅政。曹叡令刘放去写任命新辅政大臣的诏书。

事情一波三折。刘放二人出殿后，正好看见曹肇进殿，他听曹叡有了新的辅政大臣任命，痛哭流涕，劝曹叡收回成命。曹叡又答应下来，让他去宣布刚才颁布任命曹爽、司马懿为辅政大臣的旨意作废。曹肇喜滋滋领命而去。

刘放二人赶紧返回殿中，反复劝说，曹叡已神志不清，答应免去曹宇、夏侯献、曹肇和秦朗的官职，不准这四人入宫。

刘放二人担心夜长梦多，建议曹叡赶紧让司马懿回京城。

司马懿先后收到两封诏书，前一封诏书燕王曹宇以魏明帝的名义下诏，以"关中事重"为理由，让司马懿回长安；后一封诏书令他去洛阳。更令司马懿猜测到京城有变的是，三天之内，他收到朝廷送来的五道诏书。最后一道诏书是曹叡写的手诏，上面的字言简意赅：盼速归，到达后不用通报，直接与我见面。①

司马懿已猜到宫中出了大事，昼夜兼程，四百里路，一天一夜就赶到了洛阳。在内侍的引导下，司马懿进入嘉福殿皇帝卧室，立刻拜倒在曹叡病床前。

曹叡握着司马懿的手说："我把后事托付给你了，我忍着一口气就是要见你，现在能见到你，我死了也没什么遗憾了。"②司马懿听闻这番话，不禁落泪。

曹叡又叫来齐王曹芳、秦王曹询，嘱托司马懿好好辅佐曹芳，又令曹芳去抱司马懿的脖子。曹芳照做，伸出双手搂司马懿的脖子。司马懿受此重托，跪倒在地，边磕头边说：陛下忘了先帝当年也是嘱咐臣辅助陛下？不敢辜负陛下。

曹叡赶在自己病情愈加严重的时候，立曹芳为皇太子，而就在当天，曹叡驾崩。

注释

① 语出《晋书·宣帝纪》："间侧息望到，到便直排阁人，视吾面。"

② 语出《晋书·宣帝纪》："吾以后事相托，死乃复可忍，吾忍死待君，得相见无所复恨矣。"又《三国志·明帝纪》注引《魏氏春秋》曰："帝执宣王手，目太子曰：'死乃复可忍，朕忍死待君，君其与爽辅此。'"

司马懿督军南征

魏明帝曹叡临终前，也把曹爽叫到病床前，升他为大将军、假节钺、都督魏国内外军事、录尚书事。

曹爽虽然是首辅，但曹魏限制宗室参政，而且他的社会声望比司马懿差远了。这样一个陌生的面孔出现在朝堂，别说其他人不信服，他自己都不自信。

正始初年（公元 240 年），曹爽给外界的印象是，对司马懿很尊重，凡事不敢独断专行，都是和和气气和司马懿商议后再施行，被当时的人所称许。

朝堂的情况是什么时候发生改变的，没人看得清楚。可以肯定的是，有曹爽自身的原因，也有他身边那些所谓谋士的原因。

随着曹爽得势，他的身边迅速涌来一群文人。这群文人在魏明帝曹叡时期受到抑制，因为曹叡厌恶他们浮华。这些人，随便拈一个出来，都是皇家贵胄、高官子弟。像夏侯玄是征南大将军夏侯尚之子，何晏是东汉大将军何进之孙[1]，邓飏是东汉开国名将邓禹之后。这群人里还有诸葛亮的族弟诸葛诞、司马懿的长子司马师、李休的儿子李胜、刘放的儿子刘熙、孙资的儿子孙密，等等。

这帮人的"浮华之会"开魏晋玄学先河，被曹叡下令取缔，相关名士永不重用。

司马师没有受到这一影响，在父亲司马懿的指点下，迅速和这帮旧友划清界限，继续走自己的仕途。

在这帮人以为前途无望的时候，曹爽上位了。他们依附曹爽，鸡犬升天。曹爽依靠他们，控制了中央行政枢纽，加强了对京师的控制，取得了对中央禁军的掌控。

在他们的暗示下，曹爽也认同司马懿在朝中积功积德数十年，自己的权力要想被认可，就不能和司马懿推心置腹。

曹爽走的第一步棋，是以上表章的方式，推举司马懿为太傅、大司马，把自己摆在一个尊老爱贤的制高点。经过廷议，群臣认为曹魏曾担任大司马的曹仁、曹休、曹真、公孙渊等人都寿命不长，所以司马懿只任太傅，和以前一样，统兵都督诸军事没有区别。

朝廷还赐给司马懿三项特权：一是入殿拜见皇帝不必小步快走上前；二是司马懿拜见皇帝时，司礼官不直呼他的姓名，只报官职，表示尊敬；三是可穿鞋、佩剑上殿堂。[2]

就在曹爽给司马懿放烟幕弹的时候，魏吴边境出事了。

正始二年（公元 241 年），吴军大举出动。卫将军全琮带兵攻打淮南，威北将军诸葛恪带兵攻打六安，车骑将军朱然带兵攻打樊城，大将军诸葛瑾、骠骑将军步骘带兵攻打柤中，四路大军齐头并进，来势汹汹。

全琮一举攻破芍陂（què bēi），意图毁坏魏军粮食基地。魏国征东将军、持节都督扬州军事的王凌带兵增援，双方激战，魏伏波将军孙礼部作战勇敢，死伤过半。双方均损伤较大，吴军最终不敌而退。

诸葛恪这一路见全琮败退，遂将部队撤回。

朱然一路攻陷了樊城外围，荆州刺史胡质率本部兵马轻装增援，人少，不能济事。樊城告急。

司马懿得知消息，自请去解樊城之围。曹爽一党想要阻拦，说樊城城坚，轻易不会被攻破，吴军必会受到挫败后自退。

司马懿怒斥道，边疆有难，朝廷坐视不管，民心动荡，关系到江山社稷的安危。

司马懿执意南征，曹爽没有理由反对，只好同意。少主曹芳仿效魏明帝曹叡，将司马懿送出洛阳津阳门外。

十余天后，司马懿大军来到樊城城下。他派出小股部队去吴军阵营前挑战，吴军营寨紧闭，不敢出营应战。他又摆出更大的阵势准备进攻，吴军惊惧，连夜撤退。司马懿率军追击，在荆州、豫州、扬州三州交界处追上吴军，斩获近万人。魏军获取船舰物资甚多。

吴军大将军诸葛瑾听说朱然失利，也从柤中撤军。

司马懿班师回洛阳。少主曹芳下诏，将食郾、临颍二县赏给司马懿作封地，这样司马懿的封地就有四县，食邑一万户。司马家的子弟十一人皆封为列侯。

这样的封赏让朝堂上很多人觉得理所应当，司马懿这样一位年过花甲的老人还在为国东奔西走。也有一部分人眼红。司马懿如履薄冰，他告诫子弟说，月满则亏，水满则溢。要想保全家门，就要慎之又慎，损之又损。

曹爽在军中没有影响力，这次魏吴战事，他看上了一位将军，征东将军王凌。王凌在芍陂击退东吴大将全琮，也是大功一件。曹爽有意拉拢他，希望能扶持自己的势力，以便今后打压司马懿。他将王凌升为车骑将军，并授开府仪同三司。

同在芍陂抗敌的伏波将军孙礼就没有这么好的运气了。早年孙礼担任曹爽大将军府长史时，就因性格耿直，得罪过曹爽。曹爽将他外放为官，赶出京城。这次孙礼虽然作战勇敢，所骑战马都数次遭受重创，但曹爽对战报却视而不见，有意打压。这让本来就和司马懿关系不错的孙礼，更愿意投向司马懿阵营。

注释

① 另一种说法是何晏是何进的弟弟何苗之孙。

②《晋书·宣帝纪》："入殿不趋，赞拜不名，剑履上殿，如萧何故事。"

发现奇才邓艾

司马懿的幕府中，有一个说话结结巴巴的年轻人。别人问他叫什么，他就说："我叫邓艾艾艾艾……"其实他叫邓艾。

司马懿的二儿子司马昭和他开玩笑："卿称艾艾，不知有几艾？"邓艾回答："好比孔子说凤兮凤兮，其实只有一凤。"

邓艾年幼丧父，建安十三年（公元208年），曹操攻下荆州后，将当地老百姓掳到北方。邓艾随着族人被强迁到汝南（今河南上蔡）。邓艾幼时替人放牛，喜读书，凭才学被推荐为典农都尉学士，因为口吃，上司只让他做了看守稻田的小吏。邓艾后为典农功曹，去洛阳有了遇到司马懿的机会。司马懿欣赏他的才能，将他辟为太尉府掾属。

正始三年（公元242年），司马懿向朝廷建议，兴修广漕渠，引河入汴，在淮河南北大规模屯田。曹爽批准了这个方案。

代替司马懿去实地考察的，就是邓艾。他从陈县（今河南淮阳）、项县（今河南沈丘）一直巡视到寿春。经过实地考察，邓艾提出了两项重要建议：一要开凿河渠，兴修水利，既能灌溉农田，又能疏通漕运；二要在淮北、淮南实行大规模的军屯。淮河以北有二万兵士驻扎，淮河以南有三万兵士驻扎，可以轮流抽调兵士一边种田，一边戍守。

司马懿对邓艾的这两条建议都很赞许。他巡视各地时发现，若粮食生产没问题，可运输出现问题，生产的粮食运不出去，和之前没有粮食一个结果。运粮最便捷、损耗最少的办法还是漕运。江淮间河道纵横，过去也开挖过一些运河，有基础，现在做一个整体规划，不出两三年，就能建成系统性的漕运网。

对于军屯，司马懿问得更细致一些。过去军屯多设于边境，主要边境有大量闲置土地，现在在淮北、淮南实行军屯，有没有可操作性？

邓艾解释说，根据他的调查，这些年来人员流动比较快，江淮间有大量无主的土地，有的虽然有人耕种，但土地所有者并不是现在耕种的这些人，需要重新核实登记。而且，水利工程的兴建可以产生新的大量良田，过去被抛弃的地方也可能因为有水利灌溉而成为良田。因此，办军屯，土地不是问题，关键是下决心和做好规划。

司马懿非常满意邓艾的解释，下令立即开河道、大举屯田。

淮水流域挖掘了三百多里长的水渠，不仅灌溉农田二万顷，而且使淮南淮北连成一体，每当东南有战事，魏国大军即可乘船而下，直达江淮。

邓艾不仅是农田水利人才，还是三国后期杰出的军事将领。他早年喜读兵法，每见高山大川，必定勘察地形，而且还寻思着在哪儿可以安营扎寨，遭到别人讥笑也不以为意。在司马懿父子三人的栽培下，邓艾在军中地位不断提高，后来攻打蜀汉时，出奇制胜占领了成都。

就在司马懿把工作重心放在农业问题上的时候，正始四年（公元243年）六月，威北将军诸葛恪率军进攻六安，攻破魏将谢顺的军营，掳走百姓。

诸葛恪的父亲是诸葛瑾（字子瑜，是诸葛亮的哥哥）。诸葛恪自幼才思敏捷，智商情商都很高。

有一次，诸葛瑾带着诸葛恪面见孙权。孙权有意问诸葛恪："你父亲和你叔叔诸葛亮相比，你觉得谁比较厉害？"

诸葛恪闻言，毫不犹豫地回答道："叔叔不如父也！"

孙权大笑，以为是小孩子顺口说胡话。诸葛恪这样回答道："家父知道服侍明君，但叔叔诸葛亮却不知道，因此叔叔不如家父。"

这一波彩虹屁让孙权对此很是享受，史料记载"权又大噱"。意思是孙权大笑不止。从这就能看出，孙权此刻内心舒坦，并不认为诸葛恪说得不对。

这样的孩子起点高，20岁就被任命为骑都尉，后来成了吴国的名将和权臣。

早些时候，诸葛恪在庐江、皖城军屯，广收粮食，把皖城建成了对魏作战的前方基地。那时司马懿就想率兵拔掉这颗钉子，不过曹爽担心他又立军功，不想让他去。正始四年（公元 243 年），这次诸葛恪主动来攻，司马懿再次要求出战。曹爽找不到拒绝的理由，只得同意。

路上奔波三个月后，司马懿大军到达舒城，正准备朝皖城进发，却见皖城上空浓烟滚滚。情报人员传回来的消息，诸葛恪得知司马懿率军前来，就自焚城池，弃城而去。

诸葛恪还不至于如此胆小，他撤兵是孙权的命令。

东吴有个著名的望气师叫吴范，能凭风气的变化占卜吉凶，十分灵验。他多次成功预判了东吴与曹魏、蜀汉交战的结果，深得孙权信任。[1] 这一次，吴范预判东吴与司马懿作战不利，孙权深信不疑，令诸葛恪速速撤军。

司马懿兵不血刃拿下皖城后，并没有趁势攻打东吴，也没有班师回朝，而是在请示朝廷后，在淮北开淮阳渠、百尺渠，又命邓艾在颖水南北广修陂塘，大抓农业生产。这些都进一步增强了魏国的国力。

① 见《三国志·吴范传》。

第九章

诈病·政变·绝杀

政敌步步紧逼

曹爽很清楚，仅仅靠首辅大臣的身份压司马懿一头，远不能服众。在三国对峙的时期，得统兵打仗、建立军功。

正始五年（公元 244 年），曹爽上疏，要亲自带兵，讨伐蜀国。司马懿表示反对。他督军雍州、凉州多年，早年随曹操征讨过汉中，对那里易守难攻的地形印象深刻。蜀国虽然弱小，但不至于一碰就垮，凭借地势之险，自保没有问题。

虽然司马懿的意见中肯，但曹爽认为这是在有意阻拦他立功，不肯听劝。当然他也很清楚，军中将领好些是司马懿的旧部，自己不一定指挥得动，他推举司马懿家二公子司马昭为征蜀将军，随军同行。

曹爽带征西将军夏侯玄、亲信邓飏、李胜等，统军十余万①，从傥骆道进军伐蜀，向汉中杀去。

汉中蜀军不足三万，老将王平将蜀军主力部署在秦岭隘口险要地区——兴势（今陕西洋县北）阻击敌人。他虽然只有千余人作为机动部队，但蜀军士气高，不相信魏军能讨到便宜。

魏军行进到兴势，遇到阻击，不得前进。傥骆道是关中通往汉中最短的一条路，也是最险的一条路。士兵行走艰辛，后方补给供应不上。魏军还得到情报，蜀军涪城援军来了。魏军将领忧心忡忡，担心被蜀军包围，他们向曹爽建议退兵，曹爽不听。

郭淮警觉，意识到危险后，不向曹爽请示，自带所率部队撤退，避免了更大的损失。

司马懿时刻关注着战事进展，他给夏侯玄写信，表达了对进不能战、退又会被截击的忧虑。

司马懿在信中说："过去武皇帝（曹操）再次入汉中时，就是吃了地形的亏，差点儿大败，这是你知道的。如今兴平（当为兴势）山路崎岖，蜀军又抢占先机，占据地理优势，如果大军还不及时撤退，就会面临进战不得，退却时又遭到截击的危险，到那时必将全军覆没。这个责任没人能够承担！"

这时，司马昭也劝夏侯玄说："蜀军费祎依险据守，我军若要进攻，没有作战时机，这种情况应赶紧撤军，以后再寻找作战机会。"

夏侯玄被说动，继而由他向曹爽建议退兵，曹爽这才应允。

魏军退军过程中，果然遭到蜀军截杀。曹爽惨败而归。魏军这次伐蜀失败，使魏在长达二十年的时间里对蜀汉采取守势。

伐蜀失败，作为统兵主帅，曹爽并没有给自己处分的气度，依旧当他的大将军、录尚书事，把军权和尚书台的大权牢牢抓在自己手中。

军事上的失败，没有让曹爽认识到自己的军事能力不足，反倒让他在政治上更加想打压司马懿。

正始六年（公元 245 年），曹爽下令，废除中垒营和中坚营。

魏明帝时期，中央禁军分为武卫营、中垒营、五校营和中坚营。这四大营之上，又设中领军和中护军。中领军是中央禁军最高长官，中护军是中央禁军副长官。

彼时的中领军是曹爽的弟弟曹羲，他统率着武卫营和中坚营。中护军是司马懿的长子司马师，他统率着中垒营和五校营。

曹爽向少主曹芳建议，将废除的中垒营和中坚营军队全部交于曹羲指挥。而就算给司马师的五校营士兵这么少，只有三千五百人左右，也分别由下面的五个校尉直接指挥。

明眼人一眼就看出，这是曹爽在架空司马师的权力。司马懿反对，但反对无效，曹爽很强硬。

这还没完。曹爽就是想让司马懿知道，你看重的，我给你夺走；你支持的，我就反对。

正始七年（公元 246 年）正月，东吴车骑将军朱然扰边。大批魏国的难民逃到沔水北岸。司马懿上疏，建议不要驱赶难民，就让他们暂留北方，妥善安置，不要赶回去给东吴的人掳走，白白损失劳动力。

曹爽反对。他没有反对司马懿的理由，就是单纯反对。结果，一万余户魏国居民被吴军掳走。

这还没完。曹爽把和司马家关系密切的郭太后迁回永宁宫。

少主曹芳即位后，尊魏明帝的皇后郭氏为皇太后，住在永宁宫。郭太后没有亲生子女，和自己的侄儿郭德、郭建很亲近。郭德先娶司马师之女，司马师女死后，又娶司马昭之女续弦。

司马懿家和郭太后关系密切，本来没有什么，但是郭太后没有住在自己的永宁宫，而是和曹芳住在一起。少主曹芳年幼，国家大事都是先向郭太后请示。这让曹爽觉得曹芳会间接受到司马家的影响，担心自己大权旁落。

让曹爽下定决心，一定要太后搬去永宁宫，是心腹何晏的一番话。何晏说：在国家出现急难，天子无法下达诏书的情况下，太后的懿旨就形同天子诏书。而且汉代宣扬以孝治天下，太后的一道懿旨就能废立天子！这种事在前朝多有发生，因此不得不防。

郭太后与少主曹芳被迫分开后，抱头痛哭。这是一个败招，它违背了人性。虽然郭太后并未被打入冷宫，她在一定程度上仍起着听政的作用，但心中之刺就此种下，连同郭太后对曹爽也极度不满。

朝堂之上，曹爽一言九鼎，亲近曹爽的人占据高位。少主曹芳身边，中领军曹羲的禁军队伍似乎将皇帝保护得水泄不进。

不过，让司马懿暗自庆幸的是，曹爽目光短浅，一不团结曹氏宗亲，二不拉拢士大夫集团。有人劝曹爽要广泛争取士人的支持，曹爽却不知好歹地将此人治罪。

司马懿虽然痛恨曹爽，但知道反击的时机尚不成熟，他准备暂避锋芒，借生病麻痹曹爽。

注 释

①《三国志·曹爽传》："大发卒六七万人。"《三国志·王平传》："魏大将军曹爽率步骑十余万向汉川。"后者更为可信。曹爽不会只带少数兵力涉险。

诈病赚曹爽

司马懿装病的诱因也是现成的。正始八年（公元 247 年），司马懿的结发妻子张春华病逝。司马懿是个绝情的人，到了晚年，他并不在乎张春华，不过并不影响他借助张春华的死装病。向外传出去的消息是，司马懿年老丧妻，悲恸不已，中风卧床，别说上朝，连生活都不能自理。

在这样的情形下，司马懿闭门谢客。当然，这只是麻痹政敌的一个手段，个别私交深厚的客人还是进了司马府。

一天，少府卿王观穿过庭院深深的院落，进了司马懿的书房。

王观出身孤贫，后与司马懿同为曹操的丞相文学掾。王观的仕途并不畅达。曹叡时期，司马懿当太尉时，辟王观为从事中郎。两人私交不错。王观来访，司马懿不好不见。

王观现在的职务是少府卿，主要负责管理宫廷事务。

看着一脸愁容的王观，司马懿猜也许是政敌见王观与自己走得近，因此想寻个借口将他免职。

王观说的却是他工作上的事。他提到了曹爽身边的红人张达，擅自拆除官家的屋舍，把拆下来的材料都归为私有。他职责所在，将张达侵占的财物统统予以没收。张达向曹爽打了小报告，惹得曹爽对王观很不满意。

王观说，其实最过分的就是曹爽。后宫的珍奇珠宝，曹爽看上的东西想拿就拿，想要就要，如同自己家的财产。王观一向忍着，有时实在忍不下去了，就顶着不办，惹得曹爽经常动怒。

王观继续发着牢骚，说这群人早晚要把曹家的江山社稷毁掉。

果然不出王观所料，没过多久，王观被免去少府卿，改任权力小得多的太仆卿。

司马懿知道后，只能沉默以对。

又一天，司马昭把一个年轻人领回家拜见父亲。这个年轻人叫傅玄，来自北地郡泥阳傅氏。

一攀谈，司马懿才知道傅玄的祖父是东汉时期的老臣傅燮。司马懿与傅燮有旧，这样算来，傅玄也算是故人之后。而且司马懿也回想起，自己曾经想征辟傅玄到太尉府任职，但他没来。

现在傅玄来拜访，看来是遇到麻烦了。

果然，傅玄告诉司马懿，自己的堂兄傅嘏遇到了天大的麻烦。

傅嘏，年少时就有才名。过去，何晏、邓飏、夏侯玄争相与之交往，傅嘏都没有搭理他们。荀彧的幼子荀粲提醒他不要得罪这些人，他却说这些人的德行都不怎么样，疏远了都怕灾祸会牵连到自己。

傅嘏跟曹爽的弟弟曹羲关系很好。这个曹羲是曹爽兄弟中比较清醒的一个人，他看曹爽骄奢淫侈，不敢直接劝，写了三篇文章，言辞恳切，装作告诫曹家子弟，其实是拿给曹爽看。曹爽不理会，他只得大哭离去。

傅嘏不满何晏借着曹爽的权势，把持吏部，就对曹羲说："何晏外表平静实则内心奸猾，喜好追逐利益而忘了本心。我恐怕你们兄弟会受他迷惑，逼迫君子远离朝政，政局会一天天坏下去。"

傅嘏这话不知怎么传到了何晏的耳朵里。何晏恼怒，找了个借口，借着一点儿小事免了傅嘏在中央的官职，贬到荥阳郡任职。

傅嘏到了荥阳郡后处处不顺，当地世家大族得到上面的暗示，处处和他作对。现在他不仅无法履行职责，连人身安全都成了问题。

傅玄请求司马懿能看在他们祖父的面上，伸出援手。

司马懿虽然知道自己出面，必然会引起曹爽、何晏等人的不快，但按照傅玄的说法，傅嘏在荥阳郡随时都有危险，也就顾不上那么多了。

他知会尚书台，以太傅的名义征荥阳郡太守傅嘏为太傅府从事中郎。这件事居然办成了，傅嘏很快回到了洛阳。

司马懿长舒一口气。他也不知道，他还需要忍曹爽一伙人多久。

正始十年（公元 249 年）正月，魏明帝逝世十周年。按照惯例，曹爽要陪同少主曹芳前去先帝陵寝高平陵祭扫。曹爽的几个弟弟，中领军曹羲、武卫将军曹训等在中央禁军中担任重要职务，也要随同前往护驾。

　　临行前，曹爽并不放心政敌司马懿。这二十个月称病在家的司马懿，病情是好转了，还是加重了？曹爽派出自己的心腹李胜去向司马懿辞行，以便探听虚实。

　　李胜能成为曹爽的心腹，不仅在于他年轻时在洛阳游历，与曹爽亲善。他这个人算得上有才智，建议曹爽亲自带兵攻打蜀汉就数他比较积极。这也没错，没有军功不足以压司马懿一头。只是他高估了曹爽的能力。

　　站在李胜的视角，司马懿斜靠在病床上，目光呆滞地看着自己，时不时还喘着粗气。两个婢女在一旁侍候。婢女将他见客的衣服捧给他，请他更衣。他双手颤抖，完全接不住衣服，任由衣服滑落在地上。稍许，他以手指口，示意口渴。婢女端来粥。一个婢女扶着司马懿，一个婢女端着碗喂，但粥又从司马懿嘴边流出来，沾满了前胸。

　　李胜看着劳苦功高的司马懿如今和一个生命垂危的普通老汉没有区别，不由悲从心来，流下眼泪，甚至忘记了自己前来探听虚实的任务。

　　李胜说明来意，说他不日将到荆州赴任，特来辞行。

　　司马懿口齿不清地说："我年老多病，快不行了，听说你要到并州上任，并州靠近胡地，你要加强戒备才好。我这样子，恐怕以后再也见不到你了。"

　　李胜忙说："我是回老家荆州，不是并州。"司马懿又装作一副听错的模样，说："你原来是刚到过并州啊？也要多保重。"

李胜提高音量纠正道："我是回老家荆州，不是并州。"司马懿似乎这才听明白了，说："我老了，脑子也不清楚。听不懂你说的话。既然到荆州当刺史，那地方好建功业。我是不行了，我的两个儿子司马师、司马昭还请你多照顾。"司马懿说完，流泪哽咽，李胜也陪着长叹。

李胜回去，将在司马府上所见所闻一一告知曹爽，连连叹息。

过了几天，李胜赴任荆州。临别时，他还流着泪向曹爽等人说："太傅的病体不能再康复了，实在令人悲伤。"

这话在作伪吗？并没有。李胜在司马懿面前还有作伪的必要，在曹爽他们面前完全没有这个必要。作为一个晚辈，李胜完全被司马懿的演技所迷惑，他没有想到一代枭雄在暮年的时候这么可怜。正是史书中的这种细节，让我们有幸看到人性的温度。

有这么一个并非铁石心肠的属下，曹爽也觉得安心。人都喜欢好人。他们的目的只是探听一下司马懿的虚实，如今看来，司马懿注定命不久矣。一个垂死的人，纵然是虎，利齿已经松动，没有攻击性了。

当年连一代雄主曹操都没有识破司马懿装病的伎俩，更别说如今小字辈的曹爽了。

李胜走后，曹爽等人对司马懿放松了戒备。在这样一次装病风波中，曹爽没有表现出任何值得称许的政治能力，他注定不是司马懿的对手。哪怕再给他一次机会。

曹爽和兄弟们个个威风凛凛，骑着高头大马，陪少主曹芳去祭扫离洛阳九十里外的魏明帝高平陵。

　　曹爽离开洛阳，给了司马懿可乘之机。他立刻调动兵马，发动政变，史称"高平陵之变"。

高平陵之变

曹爽并不是草包，否则司马懿不会大把年纪，还要费尽心思装病，企图让曹爽放下戒心。曹爽在军事上没有建树，但在控制曹魏政权的正始年间，他推行了一系列政治改革，后世称为"正始改制"。

这些改革措施主要涉及用人权、地方行政管理和社会风气。举例来说，过去人才选拔具有话语权的地方中正官，他们的权力收归中央朝廷，地方中正官只有评价权，没有选拔权；地方行政管理层级，以前是州、郡、县三级，现在只有州、县二级，大量裁减冗员；废止官场上的繁文缛节，提倡朴素的社会风气。

对于这样的改革措施，即便是不喜欢曹爽集团的人，站在公正的立场也觉得并非一无是处。但显而易见的是，曹爽集团损害了世家大族的利益，这就使得希望曹爽下台的人不在少数。

还在高平陵之变前，太尉蒋济就曾利用日食的机会上疏，认为日食是上天示警，反对过于激进的政治改革。

其实还在更早的时候，就有重臣找过司马懿，表达过对曹爽一伙的不满。比如孙礼受封并州刺史，前往边境抗击匈奴，临行前，他去向司马懿辞行，说如今国家社稷即将陷入危险，天下动荡不安，暗指曹爽误国。

司马懿只劝他忍，忍别人不能忍受的事情。毫不夸张地说，这句话是司马懿安身立命的座右铭。

这一忍，才忍出来一个洛阳权力出现真空的时机。

为了这一天，司马懿从未闲着。他关注着那些元老重臣对曹爽推行改革的反应，借此判断是拉拢还是提防。让他窃喜的是，除了远在扬州督军的司徒王凌、太尉蒋济、司徒高柔、太仆王观等人，都是他的坚定支持者。

政变的武装人员主要来自司马懿的三千私兵。私兵平时的军事训练放在他的老家温县。那里提前秘密修建了转兵洞，这转兵洞，属于地下军事工事，洞长二十里，宽二丈有余。临到政变前，这三千私兵化装成平民混进洛阳。

政变前一夜，司马氏父子都很紧张。司马懿深夜还在谋划，生怕一着不慎，带来颠覆性后果。就在这个时刻，他也没忘借此观察他两个宝贝儿子的表现。

派去的下人回来禀告说："大公子已经正常入睡。二公子在床上辗转反侧，还没有睡意。"看来司马师的心理素质比司马昭好得多。

翌日清晨，曹爽兄弟及其亲信随同少主曹芳出城，拜谒位于高平陵的魏明帝之墓。

待曹爽一行人等出城后，司马氏父子按照事先谋划，各就各位。

司马懿先奔赴永宁宫。面见郭太后，请求同意自己的政变行动。司马孚、司马师率领主力人马，守卫司马门。司马门是进入皇宫最重要的一道外门，政变军队一旦控制了此门，就能切断皇宫内外的联系，驻守在外的军队不明事变缘由，就不敢轻举妄动。宫内禁军没了外界支持，同样也只能选择静观其变。司马昭领部分人马，守卫皇帝和郭皇后的寝宫。

当司马懿正式发起政变时，他的三千私兵基本没有武器，必须先拿下朝廷的武库。曹爽的宅第建在武库附近，已经发现了司马懿的异动。曹爽的妻子刘氏还算有点儿见识，她把守卫曹府的守督严世叫来，告诉他司马懿谋反，让他带人守卫曹府。严世当即带领数十名弩手守在门楼上。当司马懿正要经过时，他将弓弩瞄准了司马懿。

严世身后一位叫孙谦的家将，不知道是早已被司马懿收买，还是慑于司马懿的威望，竟劝阻了严世射击。他拉开了严世拉弓的手说："天下事未可知，没必要这样！"如此反复三次，司马懿已经纵马过去，免遭伤害。

三千私兵死士占领武库，迅速武装起来，分头行动，控制了洛阳。

司马懿奉太后懿旨，关闭洛阳城门，任何人不得出入。同时，根据郭太后懿旨，任命司徒高柔假节、行大将军事，接管曹爽直属军队；任命太仆王观行中领军事，接管曹羲的禁卫军。

司马懿对高柔寄予很大希望，对他说："您就是周勃在世。"

周勃是汉初名臣。刘邦说他没读过什么书，但保全刘氏江山的人必定是他。果然，在吕后死后，他与丞相陈平定计，召集禁军诛杀吕氏一伙，辅助刘邦的第四子刘恒为帝。

司马懿的意思，是希望高柔和周勃一样，拨乱反正，安定天下。

从武器库配备了精良武器后，司马懿带上了太尉蒋济，同车出城，率兵屯驻在洛水浮桥的北岸，阻止曹爽军队强行入城。太尉是三公中主持军事的高官，有太尉蒋济助力，这场政变显得更有合法性。

然后，司马懿上疏少主曹芳，揭露曹爽罪行，奏请处置曹爽一伙。

在奏文里，司马懿以先帝曹叡托孤开篇，表示什么都阻止不了自己对曹魏家的忠诚。以此为基调，他简单列举了曹爽目无天子、大权独揽、离间天子与郭太后的感情等行为。并表明已经奏报郭太后批准，免除曹爽兄弟的官职，剥夺他们的军权，各以侯爵身份，返回家宅。而他司马懿屯军洛水浮桥，只是监视他们，没有擅自行动的计划。

同时，司马懿担心少主曹芳在外过夜有诸多不便，就令司马孚促办，给皇帝送去露营所需的帐幔和御用的食具。

此番先兵后礼的操作，让曹爽兄弟不知所措，幸好他们的智囊桓范还算头脑清醒。

就在司马懿忙于处理城内事务的时候，少数人还是借机逃出洛阳城，和曹爽会合，其中有一人叫桓范。

桓范出身大族，为政清廉，有智谋，魏明帝时做过中央禁军的中领军。桓范和曹爽一伙走到一起，一是和曹爽他们有同乡之谊，二是桓范与蒋济关系僵，蒋济和曹爽他们不对付，敌人的敌人是朋友，这样他和曹爽他们才走得近。但是桓范毕竟与曹爽他们志向爱好不同，曹爽对他并不亲近。

司马懿召桓范进宫，让他接着干中领军。桓范一开始本来是不想拒绝的，但他的儿子劝告道："天子车驾在城外，司马太傅这是在谋反！当务之急是去追随圣上！"

桓范觉得有道理，犹豫再三之后，选择了出城。

仗着洛阳城平昌门的守门将司蕃是自己举荐过的部下，桓范骗开了城门，纵马跑向高平陵，边跑还回头喊："司马懿谋反，你跟我走吧！"司蕃觉得事态严重，也跟着出了城，不过走路没能赶上桓范。

司马懿听说桓范出城，叹道："智囊去了。"

太尉蒋济倒是看得开："智囊须有会用他的人。桓范虽有良谋，可惜曹爽不用。"

果然如蒋济所料。桓范建议曹爽带着少主曹芳到许昌去，学曹操，挟天子以令诸侯。他给曹爽分析，司马懿现在能依靠的，是太后，否则名不正言不顺，而太后和皇帝比，肯定皇上更有分量。

曹爽兄弟不吱声，神情窘迫，不知该怎么办。桓范又劝道，不要犹豫，我们半天时间可以赶到许昌，那里是曹氏的大本营，拥戴曹家的人很多，况且城墙坚固，可以等待援军。

应该说桓范的主意是当时的最优方案。洛阳虽被司马懿控制，但各地的人马并不都听令于司马懿，有些州郡还在曹氏和夏侯氏手里，更多的地方是在观望，看哪一方占优势就会支持哪一方。

曹爽一副任人宰割的模样，只说再等等看，看司马懿下一步会不会斩尽杀绝。

完成了对洛阳城内军事力量的接管后，司马懿率军也出了洛阳城，屯兵洛水北岸，冷冷看着对面曹爽的军营。

曹爽手下召集附近军屯田的兵士数千人，砍伐树木在营寨外构建简单的防御工事。他们也不知道下一步该做什么。

桓范见曹爽犹豫不决，赶紧去找曹羲。他认为平时曹羲比曹爽显得更清醒，关键时刻估计能听进他的意见。

没想到曹羲也是神情不振，他焦急地劝道："这事明摆着只能这么办了，真不知道你读书是干什么用的？现在的形势很明朗，像你们这样门第的人，再想求贫贱都不可能了！匹夫尚且有求生的欲望，何况你们与天子在一起，挟天子以令天下，谁敢不从？"

曹羲还是下不了决心。他们这些贵胄子弟都怕失败后万劫不复，索性不行动。他们以为不反抗，说不定司马懿发善心，能饶他们一命；反抗的话，肯定死路一条。

不久，曹爽收到一封司马懿写给皇帝的表章。表章里说得很明白，曹爽专权，威胁皇权，他不敢违背先帝临终嘱托，被迫采用兵谏，为国除奸，受郭太后的懿旨，罢黜曹爽兄弟的官职。

少主曹芳在曹爽手上，司马懿不敢用兵，他先后派侍中许允、尚书陈泰以及曹爽的亲信殿中校尉尹大目等人去见曹爽，让他们劝说曹爽交出兵权，可保爵位。而且说司马懿指洛水为誓，断然不会失信。[①] 蒋济也写信给曹爽，称放弃兵权后可以以富贵闲人的身份度过余生。

曹爽被这些人的说辞所打动，前思后想一夜后，选择放弃抵抗。他来到少主曹芳的御帐，呈上了司马懿的表章，让皇帝免了自己的官职。

回头碰见前来继续劝他的桓范，曹爽说："司马公夺了我的权，并不会削去我的爵位，不失做个富家翁。"桓范失望大哭："你父亲曹真是大英雄，没想到生了你们兄弟，和猪牛一样蠢。现在受你们的牵连，大家都要被灭族了。"

曹爽解下印绶，投降，同少主曹芳一起返回洛阳城。

桓范跟着这支垂头丧气的队伍一起。行至洛水浮桥以北时，看见司马懿站在那里，桓范下车叩头，默默无言。

司马懿道："桓大夫何必如此？"

桓范有些后悔，当初司马懿如此看重自己，但自己还是义无反顾地出城。如今悔之晚矣，不仅自己性命难保，也许灭族都有可能。

然而，出乎他的意料，并没有兵士前来逮捕他，反倒有诏书任命他担任大司农卿。

这是司马懿的安排，在他眼里桓范是个人才，而且不坏，想放条生路给他。可是，当司马懿后来得知桓范临出城喊出"司马懿造反"后，还是毫不犹豫地把他杀了。

① 当时，人们对洛水极为崇敬，对洛水发誓，和对神明起誓没有两样。曹爽相信司马懿的洛水之誓，是当时的文化氛围中理所当然的认知。

政变之后血流成河

曹爽做梦也没有想到，他回家后，司马懿征调来八百多民夫将他家团团包围起来。他家四角还筑起高楼，楼上有人日夜监视他的一举一动。

他拿着弹弓到后花园的东南角去打鸟解闷时，只听得角楼上有人大喊："故大将军东南行。"无奈之下，曹爽只得回屋生闷气。

他不知道司马懿怎么想的，于是想出一条自以为得意的计策。他谎称自己家中断粮，希望司马懿接济。司马懿收到书信后，装出一副吃惊的样子，马上让人送去了粮食、鱼肉、盐豆等食品。曹爽收到食品，自以为司马懿没有杀他之心。

他再一次看错了司马懿。

司马懿在下一盘棋，需要时间。普通的罪名无法让他杀掉曹爽，只有控告他谋反才能达到目的。而且，只有谋逆大罪才罪无可赦。

司马懿找到了两个人，一个人痛恨曹爽，叫卢毓；一个人是曹爽集团的核心成员，叫何晏。

卢毓是东汉大儒卢植的幼子。范阳卢氏哪怕在唐代，也是世家大族。魏明帝曹叡看中了卢毓的家族背景和良佐之才，封他为吏部尚书，让其拥有了选官的权力。就是考察司徒这样三公级别的高官，曹叡也会询问卢毓的意见。曹爽执政后，他被曹爽先后罢免吏部尚书、吏部仆射等职，把他的位置给了自己的心腹。不久，担任廷尉职位的卢毓又被曹爽的心腹参了一本，导致免官。在司马懿等世家大族斡旋下，曹爽这才给了卢毓一个光禄勋的位置。光禄勋是九卿之一，总领宫内事务。

司马懿与卢毓同朝为官多年，对他的才能、品行、威望都相当了解。高平陵之变后，司马懿任命卢毓为司隶校尉。司隶校尉有纠察、弹劾中央百官之权，也常劾奏三公等尊官，为百官所畏惮。他要借助卢毓这把刀，去劈开乱麻。

他给卢毓送上的线索是一个叫张当的宦官。根据初步掌握到的情报，曹爽执政后，经常出入宫廷。张当对曹爽极尽谄媚之能事，曹爽便将其升为"都监"，让其监视宫中各色人等。张当还偷偷将魏明帝宠幸过的张才人、何才人等送给曹爽享用。

找皇帝身边的人作为突破口，审出来就是大罪。

卢毓亲自审讯张当。严刑逼供下，张当供出曹爽与何晏等党羽意图谋反，已经提前操练士卒，计划三月时起事，同谋的人有丁谧、邓飏、毕轨、李胜、桓范等人。

司马懿一拿到审讯结果，就下令将曹爽兄弟、丁谧、李胜、毕轨、邓飏等人逮捕下狱。

而在曹爽等人下狱之前，司马懿就已经下令逮捕了桓范。

洛阳城平昌门的守门将司藩已到大鸿胪官署自首，供出桓范在出城时说司马懿谋反。司马懿愤怒地说："诬告人谋反，该当何罪？"一旁的司法官员赶紧答道："按律法，诬陷他人谋反，按谋反罪治罪。"

官差立即赶往桓范家中。桓范看着凶神恶煞的官差，说："不要逼迫我太甚，我也是遵守道义的人。"

逮捕了曹爽集团的核心人物，司马懿找的另一个人——何晏派上了用场。

何晏父亲死得早，曹操娶了他的母亲，也爱屋及乌，对他很关照。何晏为人浮夸，喜欢穿女人衣服，吃穿用度一度和曹丕一样，曹丕很看不惯他。

在曹丕、曹叡执政时期，何晏被闲置，只能研究玄学，据说魏晋名士吃"五石散"就是从他开始的。到曹爽上位后，这批名士被曹爽拉拢，都坐上了高官位置。何晏就取代卢毓，成为吏部尚书。

按照张当的口供，何晏虽然被捕入狱，但司马懿找到他，让他去审理曹爽的案件。何晏以为如果借此好好表现，就能保住性命，于是发疯般地收集曹爽一党的罪证，唯恐有所遗漏。

经过日夜操劳，何晏将曹爽一党七人的卷宗交给了司马懿。司马懿说不对，不止七人，是八人。何晏想无可想，问是不是还要算上我？司马懿点头称是。

有了曹爽的罪证，司马懿故意把它提交给了"廷议"。要借助三公九卿及相关官员之口，将曹爽一党的罪证坐实。

参加此次廷议的主要人员有太傅、太尉、司徒等上公、三公及九卿、司隶校尉、尚书令、尚书仆射等高级官员。经过讨论，认定曹爽等人包藏祸心、谋图神器、大逆不道。

凭借这样的最终的决议，曹爽等八人被"夷三族"。他们的父族、母族、妻族的家庭成员被斩杀。

太尉蒋济私下劝司马懿刀下留人，因为他曾答应曹爽，只要交出兵权，就能免其一死。但司马懿称国法无私，断然拒绝。蒋济自觉愧对曹爽，郁郁而终。

司马懿只是没有放过曹爽一党的核心成员。对于曹爽大将军府的一些掾属，他要求仔细甄别，有些人只是尽到自己的掾属职责，并没有危害到司马家利益，便被司马懿赦免，后来还成为西晋的开国功臣。

值得注意的是，被司马懿赦免的这些人，都是于忠义无亏的人。

曹爽大将军府司马鲁芝，在曹爽出城后留守府中，得到政变消息后，率领一队骑兵砍翻守卫，从洛阳南城西面第一门津门夺门而出，去与曹爽会合。

和鲁芝一同出城的，还有大将军府主簿杨综。和桓范一样，他的头脑也很清醒。在曹爽准备放弃反抗时，他劝阻道："你身居高位，手中挟天子有重权，振臂一呼，应者云集，为什么要去白白送死呢？"

还有一位大将军府参军辛敞，是司马懿的老相识辛毗之子，鲁芝出城前约他一起去投奔曹爽。辛敞拿不定主意，去找姐姐辛宪英商量。

辛宪英说："我倒不认为这是太傅司马懿想谋反，先帝托孤，让曹爽与司马懿辅政，如今独断专行，行为僭越。司马懿这样做，不过是想诛杀曹爽。"

辛敞问："司马懿能成功吗？"

辛宪英说："不可能不成功，曹爽的才能比不上司马懿。"

辛敞问："那我还要出城吗？"

辛宪英说："不能不出城！忠于职守，是人之大义。做人家的部属而不忠于职守，这样做有亏大义。不过亲信的部属应献出生命，普通的部属只需要尽到责任。你可以看大家怎么做，跟着做就行了。"

于是辛敞同鲁芝一起出城投奔曹爽，但没做其他事情。

政变结束后，鲁芝、杨综、辛敞都被司马懿赦免。一般情况下，这类显示忠义的行为，对朝廷巩固统治有利，当权者出于政治需要，都会选择顾全大义。

出于相同的目的，对于曹爽的亲戚，一些人被司马懿网开一面。

曹爽有个堂弟叫曹文叔，他的妻子名叫夏侯令女。夫妻感情很好，只可惜曹文叔死得早，膝下无子。夫君刚死的时候，夏侯令女担心家里将她再嫁，于是减掉自己的头发，表明自己不再嫁人的态度。一段时间后，她的父亲夏侯文宁打算让她再嫁，夏侯令女不愿，自己用刀割掉了两耳以明志。

曹爽被夷三族，夏侯令女以其节烈之举被破例免死。家人声明与曹氏断绝关系，并强行把她接回家，还打算让她改嫁。这一次，夏侯令女又用刀把自己的鼻子割掉了。

家人既震惊又伤心，劝她说："人生在世，只不过是一粒微尘栖息在柔弱的草上，何必如此苛责于自己？况且你丈夫家已经被灭族，你又为谁守节？"

夏侯令女说："我听说，仁人不会因盛衰而改变节操，义士也不会因为存亡而改变心志。曹家以前兴盛时，我尚且想终生守节，何况现在衰亡了，我更不忍心抛弃，否则与禽兽之行何异？"

司马懿听说了这件事，敬佩她的贤德，命她领养一个儿子，作为曹文叔的后代。

司马懿恩威并施，并没有让所有人臣服。毕竟他大开杀戒，导致人心惶惶。夏侯霸就是这时叛逃到了蜀汉。

夏侯霸是曹魏名将夏侯渊的次子。夏侯渊在定军山被蜀汉大将黄忠斩杀。夏侯霸常思为父亲报仇。也因为这个原因，他被派到陇西，担任讨蜀护军，隶属征西将军夏侯玄统率。

司马懿诛杀曹爽后，忌惮和曹爽走得比较近的夏侯玄，于是召他回洛阳担任大鸿胪，提拔了自己的老部下雍州刺史郭淮任征西将军。夏侯霸平素与郭淮不和，失去了侄子夏侯玄这座靠山，害怕郭淮找机会报复自己，于是逃奔到蜀国。

夏侯霸投蜀后，司马懿没有追究他的投敌之罪，特赦了他留在曹魏的儿子，只是把他迁徙到偏远的乐浪郡（今朝鲜平壤）。

第十章

坚辞・平叛・余威

坚辞九锡礼

司马懿清楚，高平陵政变后的封赏，也是巩固政变成果的重要一环。他奏请皇帝，对有功之臣给予赏赐。

他的长子司马师，晋封长平乡侯，升任卫将军。卫将军的职责是统领京城各防卫部队，保卫首都安全。这样安排，可以让司马氏掌控整个京城的军事力量。

他的次子司马昭，晋位为安西将军、持节，屯兵关中，调度诸军。司马昭成为镇守一方的重要将领，在关中历练。

胞弟司马孚由亭侯升至长社县侯，以尚书令加侍中。

太尉蒋济，爵位从亭侯晋封为都乡侯。蒋济坚辞不受，皇帝不许。

司徒高柔，同蒋济一样，爵位由亭侯晋封为万岁乡侯。

太仆王观，过去没有爵位，这次被封为关内侯。关内侯是虚封，仅有封号，没有食邑，不享受农户的租税。

给其他人的封赏，可以由司马懿提出来，对他的封赏，是一件难事。司马懿已经位极人臣。少主曹芳决定拜他为丞相，再给他增加繁昌、鄢陵、新汲、父城四个县的食邑，加上之前他的封邑，达到八个县食邑二万人，这是曹魏之前的侯爵想都不敢想的。就算曹操，做丞相的时候也才只有四个县的封地。

司马懿坚决辞让丞相职务。曹芳已经年满 18 岁，他不会不知道授予司马懿丞相之职意味着什么。汉末到曹魏时期，只有曹操、曹丕父子担任过丞相职务。司马懿上疏说，自己只是尽到托孤大臣本分，全凭借天威才有所成就，平定奸凶，所有的功绩都不足为道。

他不敢接受丞相一职，怕天下人认为他即将要篡夺皇位。

司马懿一口气连写了十几封类似的奏章，终于让曹芳相信，司马懿不是假客气。曹芳又提出为司马懿加九锡的礼节，朝会时可以不跪拜。

九锡是九种礼器。这九种礼器分别是车马、衣服、乐县、朱户、纳陛、虎贲、斧钺、弓矢和秬鬯，是古代天子赐给诸侯、大臣以及有特殊贡献的人的九种器物，用来表示礼遇或特权。

简单来说，就是比照天子的衣食住行，给予臣子的极高荣誉：车分为"金车大辂"和"兵车戎辂"，用八匹黑马来拉，这是天子专车的标配；衣服是"衮冕之服"，配套的是叫"赤舄"的鞋子，这是天子的穿戴；乐县是悬挂的钟磬类乐器；朱户是允许自家住宅装修朱红色的大门；纳陛是进宫殿时可以走特别凿出的台阶，行走者不露身，类似贵宾通道；虎贲是天子的卫士；弓矢包括特制的红、黑色的专用弓箭，有一百副彤弓矢，一千副玄弓矢；斧钺是一种大斧，意味着可以诛杀不法之人，等于有先斩后奏的权力；秬鬯是用黑黍和郁金草酿造的酒。

九锡之礼规格极高，王莽接受九锡之礼，登上皇位。曹操接受九锡之礼，曹丕登上皇位。司马懿再次上疏劝止曹芳，同样不敢接受九锡之礼。不管在洛阳，还是在地方，拥护曹氏的力量依然强大，司马懿并不占据绝对优势。

司马懿接连固辞曹芳的提议，曹芳只得另想办法。

嘉平二年（公元 250 年），曹芳为司马懿在洛阳立庙。

按照礼法，只有天子才可以在京师立庙。拿同期诸葛亮为例，诸葛亮去世后，蜀人感其功德，各方要求给他在成都立庙，蜀汉朝廷认为不合规矩，经过商议，在沔阳（今陕西勉县东）为诸葛亮立庙。

曹芳这番破例之举，透露了他对司马懿残酷嗜杀的恐慌。

司马懿诛除曹爽后，废除了曹爽的正始改制那一套。他本身又想有所作为，有破有立，在这样的心理下，他奏请皇帝多方咨询大臣们关于政事得失的意见。

其中他曾举荐的人才王昶提出了政治改革措施，引发了广泛关注。

王昶，其背后的家族是太原王氏。王昶担任过散骑侍郎、兖州刺史等职，虽然他只是外官，但对于律法、兵法很感兴趣，作《治论》二十余篇、著《兵书》十几篇，算得上是文武全才。

青龙四年（公元 236 年），魏明帝下诏求贤，卿校以上，各举一人。司马懿推举的人才就是王昶，他也顺利应选，进入皇帝关注的人才范围。

正始年间，在司马懿有意提拔下，王昶在徐州任职，被封为武观亭侯，迁升征南将军、持节，都督荆州、豫州诸军事，成为支持司马氏的重要地方都督。

王昶提出了政治改革的五条事项，包括崇尚道统、制度选官、奖罚分明、重用能官、抑制浮华等。

王昶的改革主张符合司马懿的治国理念，在司马懿的推动下，皇帝下诏对王昶的建议加以褒扬，并要求他拟定考核百官的办法，以便推行。

招纳远亲山巨源

诛杀曹爽集团核心成员三族，着实让人胆寒。司马懿需要展现自他上台后，朝廷有一种与曹爽用人不一样的开明风气。他想到了那些避世隐居的人，如果能说动这些人中的名士出来当官，就能体现当前政治清明、朝廷有吸引力。

他无意中想到了一个人，这个人叫山涛，字巨源。山涛的表姑是司马懿的夫人张春华。

一次，山家有人到司马府走亲戚，见到司马懿，对他说起山氏家族出了个很了不起的少年，别看才十几岁，却显露出与众不同的潜质，将来定能与司马师、司马昭两位公子一起"纲纪天下"。

司马懿听了不以为然。他说，你们山家不过是个小族，哪能出这样的人才？

这则故事出自《世说新语》，如果这则记录是真实的，那么至少有两点值得引起重视。第一点，司马懿早知道山涛这个人。知道这个远亲，却不刻意提拔，说明司马懿对提拔人才有自己的标准。第二点，司马懿在史书中的形象一直是隐忍、小心翼翼，难得看见他用这样不屑的口气说话。

山涛幼年丧父，家贫，亲戚对他照应不多。40岁起才开始担任郡主簿、功曹、上计掾等基层职务。他本来也没有想去当隐士，但就在表姑张春华去世后不久，他突然辞官而去。

那时，山涛的职务是"部河南从事"，也就是河南尹身边最重要的几个工作人员之一。他和一个名叫石鉴的同事住在一间馆舍里。

一天夜里，山涛躺下后翻来覆去睡不着，最后还是坐了起来，把睡梦中的石鉴叫醒，对石鉴说："现在都到什么时候了，你还有心思睡觉？"石鉴被从梦中叫醒，很疑惑，不知道出了什么事。

山涛说出了困扰自己的心事："你知不知道太傅称病不出，他是想要干什么？"那时恰是司马懿与曹爽一伙斗权，快要撕破脸的时候，司马懿居然称病不上朝了。

石鉴明显没思考过这事，他说："宰相如果三天不上朝，皇帝一张诏书就得让他辞官回家，你操心这些意义不大。"

两人说话明显不在一个频道。山涛叹道："唉，咱们可千万别生活在人家马蹄之间啊！"

山涛的忧虑不无道理，目前他是夹在两大阵营争斗之中，短期之内，任何一方获胜，他都面临风险。如果司马懿获胜，山涛的上司作为曹爽的人，肯定会倒台，自己作为河南尹身边最重要的工作人员，同样会被牵连。如果曹爽获胜，那就更糟，山涛是司马懿的远房亲戚，必定会受到株连。

唯一的办法就是下定决心，抛下40岁才获得的官位，避开祸端。

石鉴第二天早上醒来，发现山涛已不见踪影，桌上放着他当官的印鉴、公文等物。山涛不辞而别。

诛灭曹爽一伙后，司马懿无意中再次想到了山涛。他自然无从知晓那些不眠的夜晚带给山涛的焦灼。下面的人工作效率高，不久就反馈了山涛的近况：他辞官回到怀县老家后，目前在怀县附近山阳县的山里，跟一些人过起了隐居生活。

司马懿命人去山阳县找山涛，要他务必到洛阳来。

这一去，不仅找来了山涛，还引出一群不同凡响的人物来。这群人，后世称他们为"竹林七贤"。

嵇康，娶了曹操的孙女长乐亭主，不过他并不想入仕，他更钟情老庄哲学，向往"越名教而任自然"的生活方式。

阮籍，和嵇康不同的是，他倒是有济世之志，只是看世道险恶，才选择避世隐居。

在山涛三人纵情山水的时候，向秀、刘伶、王戎和阮咸先后加入进这个小圈子。

在司马氏抛出的橄榄枝面前，七人表现不同，收获了各自不同的命运。

山涛接到司马懿的命令后，选择了服从。隐士山巨源不在了，出来了官员山涛。他这么做，直接原因是，家贫时他曾答应妻子，日后他定然位列三公。他觉得是该履行承诺的时候了。不过，深层原因是，山涛意识到，司马懿不是因为亲戚关系才请他出来当官，而是把他当成隐居避世者的代表。山涛的思路和司马氏规划的政治一致，因此才得到重用。

司马懿听说山阳县还有隐士，就让山涛给他们写信，请他们出来做官。山涛先给嵇康和阮籍写了信。阮籍来到洛阳，嵇康没来。

司马懿听说过阮籍的大名，那时曹爽想请阮籍出山，阮籍没有答应。如今阮籍能来，司马懿觉得是阮籍慧眼识英雄，对他很有好感，让他在自己的太傅府任从事中郎。这是一个闲差，便于司马懿更好地了解这位名士。

不过，一直到司马懿去世，阮籍都没有到任何实权岗位。阮籍在这个闲差上过得很痛苦。当时的大环境，司马氏表面崇奉礼教，实则专权专制。阮籍就以逾礼、不孝等种种痴狂的举动，想要获取内心自由。

山涛一直都没有放弃请嵇康出来做官，嵇康忍无可忍，写了一篇拒绝他的长信，声称和他绝交，题目叫《与山巨源绝交书》。信中列出自己有"七不堪""二不可"，用大段篇幅表明自己心志，只想放任自然，不想当官受拘束。嵇康这种绝对不合作的态度，最终引来杀身之祸。

王戎、刘伶、阮咸和向秀后来都出来做官。王戎的仕途顺利，晋国开国后，他官至司徒，成为竹林七贤中继山涛之后，第二个位至三公的人。

在司马氏眼里，这些名士要么合作，要么被清除，拒绝出山的，都是对朝廷不够忠诚的。

带兵擒王凌

嘉平三年（公元251年）四月，司马懿强振精神，下淮南平叛。他不是没预料过太尉王凌会举兵反对他，只是没想到王凌的谋划过于粗糙，实在不配成为他在政治和军事上的对手。

王凌家世不错，是东汉末年名臣王允的侄子。王允设计诛杀董卓，受到天下士子爱戴。王凌文武双全，担任兖州刺史期间，和张辽一起打过孙权，俘虏了吴国的船队。后来他随曹休伐吴，曹休被陆逊重兵包围，王凌奋战，曹休才得以脱身。后来王凌又历任扬州、豫州刺史，在老百姓中的口碑都还不错。

高平陵之变前，他官居征东将军、假节，都督扬州诸军事，戍守淮南。司马懿曾和蒋济评价王凌，蒋济给了王凌一个"文武俱赡，当今无双"的八字评语，而且蒋济更看好王凌的儿子王广，认为王广比其父还要能干。政变后，司马懿有意拉拢王凌，将他封为太尉。不过很显然，他并不领情。

王凌的侄子令狐愚，时任兖州刺史，驻屯平阿（今安徽怀远县西），协助王凌防范东吴。令狐愚曾当过曹爽大将军府的长史，害怕遭到司马懿的清算。两人一拍即合，决定另立新君。

他们看中的新君是曹操的儿子，楚王曹彪。曹彪的封地在兖州，就在令狐愚的地盘上。

这叔侄二人谋立曹彪，还与他们听到的两句民谣有关系。兖州东郡一带曾流传民谣说："白马素羁西南驰，其谁乘者朱虎骑。"民谣里出现了"朱虎"和"白马"，恰好都与曹彪对得上。曹彪，字朱虎，在受封楚王前，曾为白马王。

按照这叔侄二人的理解，这句民谣讲的是，一匹佩有素色缰绳的白马向西南（指京城）驰去，骑在上面的是曹彪。他们相信这预示着曹彪去洛阳当皇帝。

有了这样的理解，叔侄二人觉得不能辜负这样的预言。令狐愚派自己的部下张式去试探曹彪。张式见到曹彪后说："我家大人想告知大王，天下事不可知，请大王多保重。"曹彪说："谢谢你家大人，我明白他的厚意。"

王凌比较看重自己的儿子王广的意见，派心腹进京，将自己的计划告知了王广。王广比较了曹爽和司马懿施政的得失，认为司马懿更得民心，况且又掌握着军权，不是那么容易被推翻的。可惜的是，王广这番真知灼见并没有打动王凌。

就在王凌按计划准备的时候，令狐愚病逝。王凌虽然失去了一大助力，但依然一意孤行。

内心忐忑的人，总希望借助异象坚定自己的想法。

嘉平二年（公元 250 年）五月，出现了火星逆行、入南斗的天文现象。王凌迷信星象之说，希望借助星象，预测吉凶祸福。他听说有个叫浩详的人在这方面很厉害，就把他请到家里密谈。

浩详揣摩王凌心意，故意取悦他说："这是要出王者的吉兆。"王凌信以为真，坚定了叛乱的心思。此后不久，司马懿为了麻痹他，故意拜他为太尉。王凌认为自己的富贵并不限于此。

令王凌没想到的是，他的计划已经被司马懿知道了。

泄密的人叫杨康，是令狐愚的手下。令狐愚死后，司徒高柔招辟他到中央为官。迫于承受不了共谋叛乱的压力，他将王凌和令狐愚的密谋上报。司马懿知道了计划，不想打草惊蛇，便只做好防范，静观其变。

嘉平三年（公元 251 年）正月，吴国军队长驱直入，封锁涂水。王凌认为终于等到了调集兵马的机会，上疏请朝廷赐予虎符，准备借此起兵，发动政变。司马懿自然没有同意他的请求。

王凌知道势单力薄不能成事，派部将杨弘前去联络新任兖州刺史黄华，希望黄华起兵响应。可是事与愿违，黄华不仅不与他联手，还带着杨弘联名上表，向朝廷上报了王凌的图谋。

司马懿这次没有耽误，一边传令黄华，让他尽量控制局势，一边亲率数万大军沿水路南下。同时司马懿还释放了烟幕弹，借皇帝的名义赦免王凌死罪，并写信让王凌知道。

司马懿大军到达寿春，并未急于用兵，而是逼迫随大军南下的王凌的儿子王广，让他写信，劝王凌投降。

王凌眼见司马懿的军队声势浩大，自知不敌，决定向司马懿投降。他让手下将自己捆绑，带上印绶、节钺，表示自己愿意交出权力，乘小船前去拜见司马懿，却被司马懿的部下阻拦在十余丈外。王凌向司马懿喊道："我如有罪，公用半张公文就可将我召回，何苦亲率大军前来呢？"司马懿回答说："你不是随便用公文就能召回的人啊！"

司马懿随即下令给王凌松绑，将他的印绶、节钺交还给他，表示无意夺取他的权力，并派六百骑兵押送他到京城。

在去往京城的途中，王凌假意向负责押送的官员索要钉棺材的钉子。押送的官员不解其意，上报司马懿。司马懿命令找棺钉给他，他明白王凌是在试探自己的态度。看到送来的棺钉，王凌明白了司马懿的心意，决定自行了断。

不久后，王凌被押送至项城，路过已故魏国名臣贾逵的祠堂。贾逵主持曹操的葬礼，扶持曹丕登上皇位，是曹魏的忠臣代表。王凌来到昔日好友祠堂，他不由得高呼道："贾梁道（贾逵字梁道），我一直对魏国忠心耿耿，你在天有灵，看见没有啊！"接着他又哀叹："如今我80岁了，就让躯体与名声一起毁灭吧！"当晚王凌饮毒酒自尽。

王凌死后，司马懿将王凌、令狐愚剖棺暴尸。王凌、令狐愚以及其他参与此事的重要人员均"夷三族"，又是一轮血雨腥风的清洗。

在这轮清洗中，一位女性得以幸存。她的身份不仅是王凌的妹妹，还是车骑将军郭淮的妻子。

郭淮出自太原郭氏，家族势力遍布并州。自诸葛亮第三次北伐中原开始，郭淮长期在司马懿的部下效力，是司马懿安排在关中的重要将领。

在王凌兵败，被诛灭三族时，郭淮迫于司马懿的权威，第一反应是拒绝手下的督将以及羌、胡渠帅数千人求情，不敢向司马懿上表留下妻子。郭淮与妻子所生的五个儿子都叩头至流血，请父亲救母亲一命，郭淮不忍看，最后命人把妻子追回。

郭淮写信给司马懿，情深意切表达了五个儿子对母亲的眷恋，解释了自己追回妻子的缘由。司马懿看了信，沉思良久，决定对王氏给予特赦。

在选择忠于司马氏，还是忠于家庭之间，郭淮选择了忠于家庭，引发了司马懿不满。在沉重的压力下，不出两年，郭淮病故。

王凌叛乱中，有一个人的故事值得提出来说说。

这个人叫单固，原兖州别驾。单固生性散淡，本来无意当官，在母亲的一再劝说下，这才答应令狐愚的征辟。令狐愚和他父亲关系较好，因此也把他引为心腹。单固知道王凌、令狐愚谋反必定失败，因此称病回家。

王凌自杀后，司马懿在寿春亲自审讯了单固。根据杨康的举报，单固不仅知道令狐愚反叛的事，而且还参与其中。司马懿命人把单固抓来。司马懿问道："你知道我把你叫来为何事吗？"

单固回答不知。

司马懿又问："先把这些事放一放，我问你，令狐愚是否有谋反之举？"单固回答说没有。

司马懿于是下令收捕单固家属，全都押在监狱。

单固被严刑拷打数十次，但仍坚持说令狐愚没有谋反。司马懿让杨康与单固对质。

单固见到杨康，大骂："你个老东西，你既有负于令狐使君，现在又来祸害我家，看你怎么活！"

口供录完，在上报之前，司马懿念单固是条汉子，就让他与母亲、妻子见上最后一面。单固在母亲面前不敢抬头相看，母亲叫着他的字说："恭夏，你本来不想应州郡为官，是我勉强你去的。你身为下属，这样做都是应当的。家族就此衰颓，我也没有怨言，你把自己的想法跟我说说。"

单固始终不抬头，也不言语，不敢面对母亲。

杨康自以为告发了令狐愚和单固，能让自己免于一死，但是有人认为他在与单固对质的过程中，言辞错乱，有很多事说不清楚，于是建议一并问斩。

临刑之前，单固又看到了杨康，骂道："老奴才，你死是咎由自取。如果被你害死的人地下有知，你有何面目见他们？"

临死，他也没有忘记痛斥杨康，他认为杨康背叛了对他们有提携之恩的令狐愚，活该受死。

皇族再受挫

　　王凌自尽后的余波依然强劲，强劲得令楚王曹彪坐立不安。

　　楚王府内，曹彪派出去的心腹一个接一个回府，带回来的都是关于司马懿斩草除根、不断杀戮的消息。王凌的长子王广曾苦口婆心劝父亲不要造反，后来在司马懿的授意下，给父亲写信，劝他投降，但仍没逃过一死。王广的三个弟弟要么才武过人，要么书法绝佳，可惜都被杀头。

　　曹彪最最担心的一天终于来了。司马懿奉诏到淮南找他问话。

　　曹彪也猜到了司马懿的套路。司马懿历经曹魏四任皇帝，看皇帝对付宗室藩王的手段比谁都清楚。曹芳虽然年纪不大，但帝王从来不允许有人惦记自己的皇位，不管是谁。只要司马懿把相关证据交到曹芳面前，曹芳震怒，一切就都完了。

　　在司马懿的授意下，司法官员捧出了张式的供词，交给曹彪。

曹彪吓得脸色发青。

他想得很清楚，接下来，司马懿就会借助王凌、令狐愚的反叛，将曹氏宗亲的权力压缩到最低。这是一场血腥的政治斗争。曹芳年轻，看得不长远，没想到他也成了司马懿的一枚棋子。司马懿要借助皇帝，打压整个曹氏宗亲。曹彪能想到这一点，可惜已经晚了。

其实早在正始四年（公元 243 年），皇族宗室成员曹冏就表达过这种担忧。当时曹爽放弃依靠宗室力量，有的皇族成员有能力，但不被认命官职，就算被任命官职的皇族成员，也没有实权。

曹冏作为曹芳的远房祖父，给少主曹芳上疏说："古代贤明的帝王会有效平衡同姓皇族与异姓贤能的关系。太依靠同姓皇族，政权会逐渐衰微；太依靠异姓贤能，政权可能被强行夺取。"

曹冏给曹芳上疏，实际上是给曹爽看。曹冏的本意，是希望曹爽看了上疏后，改变目前皇室力量不足的局面，树立皇族宗室为朝廷屏藩，防止异姓重臣坐大。

这封语重心长的上疏并没有引起曹爽重视，他只认为曹冏老了，大惊小怪。

倘若只考虑权力的因素，曹爽千方百计将权势掌握在自家兄弟手中，独擅大权，并不愿意看到皇室其他人分割他的权力。但曹魏自曹丕那一代起，对宗室成员觊觎权力，就给予了足够的警惕。曹爽这么做，可以说是遵从"祖制"。

在玩弄权术方面，曹爽确实不如司马懿。

曹芳下诏，要依照"汉燕王旦故事"，让曹彪自尽。

话说"汉燕王旦故事"，确实是件让曹芳心有戚戚焉的故事。当年汉武帝去世后，年仅 8 岁的汉昭帝刘弗陵即位。燕王刘旦想要谋反，四处散布昭帝非武帝亲生的谣言。正待起兵时，消息泄露。大司马霍光先发制人，将主谋政变的大臣统统逮捕。汉昭帝下诏申斥刘旦，刘旦自杀。

在朝廷使节的监视下，楚王曹彪自尽。楚王妃和曹彪的子女被贬为庶民，楚王府的官员和朝廷派来监国的官员全被诛杀，以警示其他官员不要知情不报，要尽到"大义"的本分。曹彪的地也被收回，改为淮南郡。

不过历史的诡异之处在于，曹彪的后人没有消散，相反很快便得到了振兴。仅在三四年后，皇帝下诏封曹彪的儿子曹嘉为常山真定王，食邑达到一千五百户。西晋开国，曹嘉还被封为高邑公，不仅如此，曹嘉还入晋朝为官，先后担任过国子博士、东莞郡太守。

在曹氏后裔里，曹嘉是为数不多的几个在改朝换代后，还混得不错的曹氏子弟。

高平陵政变后的一系列杀戮，让司马懿的威权进一步得到巩固。曹彪一时糊涂，又成为司马懿削弱曹魏皇室的借口。

曹彪被迫自尽后，司马懿下令将曹魏宗室王公全部从各自封国迁徙到邺城（今河北临漳县附近）。司马懿的五子司马伷监守邺城，不准这些王公移居他处，也不准他们随意往来。

有目的的政治打压，加上权力的集中，使得司马家在朝中的地位如日中天。

第十一章

葬礼・子孙・是非

一代枭雄永逝

　　司马懿平息王凌叛乱，揪出曹彪阴谋，不管他本意如何，至少在表面上维系了曹芳的统治。曹芳得赏，可赏无可赏，只好仿效当年先祖曹操受赏的先例，官拜司马懿相国，晋升爵位安平郡公、子孙亲属十九人封侯。

　　之前曹芳想封司马懿丞相，司马懿没有接受，这次曹芳就换了一个称呼，将"丞相"换成"相国"。依照过往权臣的经历，被封公国，意味着下一步将取代帝国。

　　司马懿坚持辞掉了曹芳的封赏。他忍了一辈子，稳了一辈子，眼看风烛残年，没有必要将没有做好准备的司马家族推上风口浪尖。他现在能做的，就是为司马家族的进一步崛起做好铺垫，或者扫除障碍，而不是如过眼云烟的权势和利益。

　　岁数不饶人，司马懿从淮南回去不久，就病倒了。

他给儿子们说，他希望能再见见老朋友胡昭。他年轻时，在去曹操的丞相府当掾属之前，胡昭曾在学问上给予他指导，两人成为忘年交。司马懿也曾写信给胡昭，请他出仕。胡昭当时表示闲云野鹤惯了，不愿意出来当官。两人也就一直没有见面。

派出去请胡昭的人员很快就回来复命，胡昭已经先一步乘鹤西去。虽然没请回胡昭，但带回来胡昭的一幅字。司马懿徐徐打开，胡昭留下一个斗大的隶字——"忍"。

嘉平三年（公元 251 年）八月，司马懿病逝于洛阳。

九月，秋意起，风萧瑟，司马懿的遗体入葬首阳山麓。墓地中央不栽柳树，不建立任何标识。司马懿也是沿袭曹操、曹丕对自己坟墓的要求。

按照司马懿的遗嘱，下葬的时候，他身穿日常服装，身边也没有服装和器物陪葬。而且，他不希望今后有人和他合葬。

出于担心有人会仿效高平陵政变，司马懿的遗嘱里，特意嘱咐子孙群官不得拜谒陵墓。他认为这样就会防止历史重演。魏帝曹芳带群臣素服临吊，以皇帝级别的葬仪，彰显尊崇。曹芳还下诏追赠司马懿为相国、郡公。

魏国朝廷经过讨论，加司马懿谥号为"文贞"，后来又改为"文宣"。

十一月，朝廷将已故功臣灵位置于魏太祖曹操庙中，以配享祭祀。面对日益强大的司马家族，群臣推司马懿列为第一。

司马懿生前，他的三个儿子司马师、司马昭、司马伷被封卫将军、安东将军、宁朔将军，在军中掌握实权；他的弟弟司马孚在王凌死后，担任太尉，在三公中负责军务。

司马懿提拔的人才，如石苞、州泰、王基、邓艾等，此时已经成长起来，成为司马师兄弟的得力干将。有这些人的辅助，司马家族的权势在中央和地方都稳若磐石。

司马懿死后，魏国进入了一个由司马师、司马昭兄弟专政的时代。

司马师执政

　　司马懿去世三个月后，司马师由卫将军，升职为大将军，军事上都督全魏国武装力量，政治上总领全魏国政务。

　　他不想只依赖父亲留下的班底。举贤良，是朝廷选拔任用官员的一条重要渠道。司马师让百官推举贤良。他也亲自参与选拔人才。在对待人才征辟上，他和父亲司马懿的风格也大不相同。他习惯以严苛的法度逼迫人才为自己所用。

　　有个叫李憙的，是东汉大鸿胪李恂之子，他年少时就有品行，只是朝廷屡次征召他，他都拒绝，包括司马懿也没有把他请动。成为司马师的大将军从事中郎后，司马师开玩笑地问他：以前我父亲都没有把你请动，怎么我一请先生就来了？李憙回答：令尊以礼待我，我可以借礼进退，如今我要是不应召，公就要拿法绳捆我了。

　　司马师清楚，曹爽在正始年间推行的改革，触犯了世家大族的利益，这才让他们和曹爽集团对着干，巴不得司马家族把他们推上断头台。如今，司马师完全不提及这些引发政局震动的变革。

也就在司马师开始执政的嘉平四年（公元 252 年），东吴孙权去世。权臣诸葛恪在魏、吴边境的东兴（今安徽含山西南）建大堤、修城池，一副咄咄逼人的进攻姿态。这反倒激发了魏军的士气。

在一片请战声中，司马师顺水推舟，正好借一场战争来提高自己的威望。魏军分三路向东吴进攻。主力由安东将军司马昭统领，征东将军胡遵、镇东将军诸葛诞带七万人马，攻打东兴。

东吴诸葛恪自带四万兵马来救援东兴，大破魏军大营，魏军伤亡惨重，军备物资损失殆尽。另外两路魏军闻讯撤兵。

魏军失利，司马师把作战失败的原因推到自己兄弟身上，削去了司马昭的爵位，以示警示。其余大将也只有胡遵和诸葛诞互换了防区。

东兴战败后次年，司马师原本想借征讨胡人来挽回点儿颜面，不想部队还没有集结，雁门、新兴两郡的军队不想远行，发生兵变。这次事故，司马师依然没把过错搁在自己身上。

两次军事上的失败，损害了司马师的威望。不过很快，他的好运气就来了。东吴权臣诸葛恪纠集东吴精锐，联合蜀汉姜维，吴蜀再次联手，夹击曹魏。

司马师采用中书郎虞松的计策，令车骑将军郭淮坚壁清野，固守狄道。姜维久攻不下，只得撤兵。

面对实力强大的吴军，司马师的作战部署是，暂缓救援合肥新城，让吴军主力在攻打新城中消耗战斗力，再让司马孚和毌丘俭在吴军士气低落时出击，重创吴军。

诸葛恪围攻新城三个多月，损兵折将。司马孚有意拖延了一个多月才发起进攻。吴军此时瘟疫流行，士气低迷，一触即溃。吴军大败。

诸葛恪逃回吴国后，宗室孙峻和吴主孙亮合谋，诛杀诸葛恪。东吴内乱，已不能再对曹魏构成威胁。

诸葛恪被诛，张皇后的父亲光禄大夫张缉早预料到了。司马师经东兴一役，将诸葛恪视为劲敌。张缉却说，不用担心，诸葛恪功高盖主，难逃一死。事情果然如张缉所料。同为权臣，司马师虽然嘴上称赞，内心却怀疑张缉指桑骂槐，对他十分嫉恨。

张缉的谋略被中书令李丰看中。中书令常伴在少帝曹芳左右，曹芳对他很信任，常说私密话。李丰联系张缉等人密谋诛杀司马师，还没行动，就被司马师发觉。这场尚未开始的政变，还波及了诸葛玄。原来，按照李丰等人的计划，诛杀司马师后，请诸葛玄辅政。

没有迹象表明诸葛玄参与其中，但依然和李丰等人一样，被夷灭三族。

嘉平六年（公元 254 年）三月，司马师废皇后张氏。九月，又废除少帝曹芳。在郭太后的坚持下，立高贵乡公曹髦为帝。

司马师废帝，立即激起了淮南将领的反对。淮南是曹魏防范东吴的军事重镇，司马家族的势力一直未能染指淮南。正元二年（公元 255 年）正月，镇南将军、都督扬州诸军事毌丘俭、扬州刺史文钦，率兵五六万，讨伐司马师。

当时司马师患有眼疾，在尚书傅嘏、中书侍郎钟会等人力劝之下，司马师还是抱病东征。

毌丘俭、文钦虽然写信给各方镇诸将，希望能联合讨伐司马师，可诸将之间矛盾重重，竟没有一人响应。在司马师调集的数十万大军面前，毌丘俭、文钦寡不敌众。况且毌丘俭手下将士们的家属都在北方做人质，将士叛变，必连累家人。朝廷兵马一到，叛军就接连归降。文钦投奔东吴，毌丘俭在乱军中被杀。

司马师虽全力以赴讨平了毌丘俭、文钦，稳定了淮南局势，但他不幸遇到文钦之子文鸯夜袭。文鸯勇冠三军，无人可挡，司马师大惊，受伤的眼珠从肉瘤疮口迸出，又担心影响军心，只得将被子蒙头，咬牙独自忍受痛苦。此次战斗虽然击退文鸯，但司马师病情加重。

正元二年（公元 255 年），司马师死于许昌。

司马昭之心

　　司马师没有儿子，司马昭曾将自己的儿子司马攸过继给他。司马师的身体一日不如一日，他认为司马攸要是即位，无法应对当前复杂的政治局面，还是司马昭来当这个政治继承人更为妥当。于是他临终前安排后事，任命司马昭为卫将军，总统诸军。

　　魏帝曹髦本来以为这是一个扳倒司马家族的机会，他命司马昭留守许昌，由尚书傅嘏带大军返回洛阳。司马昭不听，自率大军回京城。曹髦没有办法，也只得加封司马昭为"大将军，加侍中，都督中外诸军，录尚书事，辅政"，承认司马昭对权力的继承。

　　司马昭执政后想知道淮南手握重兵的将领对他取代曹魏是否有看法，就派他的智囊贾充去探听虚实。贾充去了淮南，那个地方是个不稳定地区，在司马懿、司马师执政时期都发生过叛乱。

　　此时执掌淮南兵权的是诸葛诞。前两次淮南叛乱，诸葛诞都站在司马氏这边。尤其是第二次毌丘俭反叛，诸葛诞率军协助司马师，出了大力。

诸葛诞面对贾充的提问，没有虚与委蛇，直接阐明了忠于魏室的立场。司马昭听了贾充的汇报，将诸葛诞征召入朝，借以剥夺他在淮南的军权。诸葛诞索性反叛，彻底和司马昭撕破脸。他向东吴称臣，并送去了自己的儿子作人质。

东吴方面收到诸葛诞的求救信后，慷慨派出了两路人马，一路是由诸葛诞的旧识文钦等率领，直接增援寿春，一路由朱异率领，在寿春城外呼应联军。

司马昭不放心皇帝脱离自己的管控，带着魏帝曹髦、郭太后一起东征。魏军虽有二十六万，但对方联军士气正炽，魏军部分将领先自怯场，将军李广、泰山太守常时被司马昭杀鸡儆猴。

一月后，时任泰山太守的胡烈出奇兵烧了朱异的粮草辎重。监军石苞、兖州刺史州泰趁机出兵，大破朱异部队。部队军心涣散，朱异擅自撤退，被吴国大将军孙綝处死。

魏军扫除了寿春外围的障碍后，司马昭却围而不攻。他先派人在寿春城中散布谣言，称吴军的援军将至，而魏军缺粮，不久就会撤围。这些消息麻痹了诸葛诞。

让诸葛诞没有想到的是，东吴的政局混乱，寿春城内吴军将领的家属也受到波及。司马昭借助反间计，令擅长模仿他人笔迹的钟会伪造书信，令吴军将领认为只有投降一条路。

寿春城内的大部分吴军投降后，文钦与诸葛诞关系微妙。两人对下一步的军事谋划常常意见相左，诸葛诞便亲手杀了文钦。文钦的两个儿子向司马昭投降，受封将军、关内侯。自此淮南叛军军心瓦解，纷纷请降。司马昭见攻城时机成熟，亲临城下，下令攻城。诸葛诞突围逃跑，被魏军追上后斩杀。

淮南叛乱平息后，司马昭展现出高超的政治素养。他没有屠城，没有坑杀俘虏，除了惩办了跟诸葛诞关系紧密的那些人，其余人都得到赦免。他重用文鸯、文虎，依靠他们恢复叛乱后的创伤。这样的怀柔政策，也对收服吴国民心起到了积极作用。

消除了内患，司马昭决意对蜀汉用兵。

中原地区经过几十年的休养生息，尤其是在司马懿实施军事屯田和广修水利后，军粮储备充实。魏国的人口四百余万，蜀汉人口不足百万。魏国兵力五十万，蜀汉不过十万。更重要的是，蜀汉后期政治腐败，官员醉生梦死，老百姓面有菜色、营养不良。

蜀汉的政局和东吴一样，也早就一片乱局。诸葛亮的军事接班人姜维为求自保，在远离汉中千里之外的沓中①屯田避祸。

基于对蜀汉政局的基本判断，司马昭一举灭蜀。和慎重处理淮南地区战后恢复一样，司马昭礼遇蜀汉后主刘禅，引得蜀汉各地郡守真心归附。

这期间发生了一件事。当魏军大举进犯蜀汉时，吴军赶来支援。不想魏军进展速度太快，吴军赶到时，蜀已灭。但魏军将帅钟会与邓艾之间发生了内讧，吴国认为可以借此吞并蜀国疆土。吴军以重兵攻打巴东永安城。不想巴东太守罗宪表示既已经向司马昭效忠，就要固守城池。于是他带区区两千士卒，不惜舍命，阻挡了兵力数倍于己的吴军。吴主孙休急调陆抗率领三万将士增援。永安城内军民死伤大半，吴军也没有前进半步。幸好魏军的增援部队赶到了，这才解了永安城之围。

在司马昭的治理下，巴蜀尽归其所用，日后西晋伐吴，最先攻克吴国都城建业的部队就是巴蜀军队。

司马昭灭蜀，魏帝曹髦封他为晋公，建立晋国，加九锡，升相国。司马昭学父亲司马懿，面对这样超出人臣的封赏，推辞了九次。曹髦也遵照曹芳对司马懿的赏赐，给司马昭增加万户、三县的食邑，没有爵位的儿子都封为列侯。

时隔近两年后，曹髦被迫重提给司马昭加晋公、加九锡、升相国这样的封赏。这次司马昭态度暧昧，引发曹髦不满。对司马氏把持朝政，颇有英才的曹髦早就不甘做傀儡。当他意识到自己快要被司马昭废掉时，决定孤注一掷。

甘露五年（公元 260 年）五月，19 岁的曹髦拿定主意，手持宝剑、穿上软甲，登上马车，指挥殿中宿卫奴仆，准备亲自讨伐司马昭。

半路遇上司马昭的弟弟司马伷带众兵士拦截，曹髦怒喝，将众兵士吓跑。又在皇宫南阙遇见贾充带数千兵士拦截，手下成济受贾充鼓动，抽出长戈刺杀曹髦。魏帝的身体被长戈刺穿，命殒当场。

曹髦临出发前的一句"司马昭之心，路人皆知"，成为司马昭的标签，流传千年。弑君行为让两晋的帝王都感到羞愧。此是后话。

西晋太康元年（公元 280 年），三国归晋。在司马懿开创了良好局面的基础上，司马昭之子司马炎结束了分裂割据，实现了全国统一。

① 沓中，今甘肃省甘南州舟曲县附近，夹在岷山和迭山之间，地理位置复杂。